Spanisch im Beruf

W0358694

Esp@ñol Profesional 2

Arbeitsbuch

Cornelsen

Esp@ñol Profesional 2

Arbeitsbuch

Spanisch im Beruf

Im Auftrag des Verlages erarbeitet von Gloria Bürsgens

Unter Mitwirkung von Dr. Martin B. Fischer

In Zusammenarbeit mit der Redaktion:
Jaime Arguedas González,
Teresa Palomar Tejedor,
Anita Thomas (verantwortliche Redakteurin),
Dr. Gunther Weimann (Projektleitung)

Illustration: Gerardo Pérez und Laurent Lalo (S. 6)
Umschlaggestaltung: Knut Waisznor
Layout und technische Umsetzung: graphitecture book, Rosenheim

www.cornelsen.de

1. Auflage, 1. Druck 2006/06

Druck: CS-Druck CornelsenStürtz, Berlin

ISBN-13: 978-3-464-20084-1
ISBN-10: 3-464-20084-1

Inhalt gedruckt auf säurefreiem Papier aus nachhaltiger Forstwirtschaft.

Índice

Symbole

schriftliche Übung

Die Lösungen der Aufgabe steht im Lösungsschlüssel.

schwierige Übung

Wiederholung

Vorwort

Esp@ñol Profesional 2 auf einen Blick

Ob in der Ausbildung, im Studium oder berufstätig, *Español Profesional* ist das Lehrwerk für alle, die Spanisch von Anfang an lernen und in kürzester Zeit ihre sprachliche Kompetenz für den Beruf Schritt für Schritt entwickeln möchten.
Español Profesional ist ein kommunikativ ausgerichtetes Grundstufenlehrwerk, das die praktischen Erfordernisse der Kommunikation in Wirtschaft und Handel in den Mittelpunkt stellt. Das zweibändige Lehrwerk führt zur Niveaustufe B1 des Gemeinsamen europäischen Referenzrahmens und bereitet auf das *Certificado de Español Comercial* sowie auf das Europäische Sprachenzertifikat Spanisch vor.

Für alle, die noch etwas intensiver üben wollen, bietet das Arbeitsbuch weiterführende Übungen, die selbstständig zu Hause oder im Kurs bearbeitet werden können. Wiederholungsübungen geben die Möglichkeit, bereits Gelerntes aufzufrischen und zu festigen.

Jede Lección ist gegliedert nach den Bereichen
- *Vocabulario y fraseología*,
- *Gramática*,
- *Comunicación* und
- *Lectura y redacción.*

Je nach Bedarf können Schwerpunkte gesetzt und ein passendes „Lernmenü" zusammengestellt werden. Die *Lecciones* schließen jeweils mit einem spanisch-deutschen *Panel profesional*, das die wichtigsten berufsbezogenen Redewendungen zusammenfasst.

Im Anhang befindet sich eine übersichtliche Grammatikzusammenfassung zu *Español Profesional 1* und *2*.

Unter www.cornelsen.de gibt es für die Arbeit mit *Español Profesional* ein Zusatzangebot für Lehrende und Lernende.

Viel Spaß beim Üben mit dem Arbeitsbuch *Español Profesional 2* wünschen Ihnen die Autorin und der Cornelsen Verlag!

Lección 1 ¿Me presento?

VOCABULARIO Y FRASEOLOGÍA

1 La plantilla de personal

Dirección

Administración	Producción	Recursos Humanos	Transporte y Logística	Marketing	Compras	Ventas	Investigación y Desarrollo
Contabilidad		Personal		Publicidad			

En la empresa "Grancaos" trabajan 66 personas. ¿Quién hace qué?

secretario/-a	gerente de	jefe/-a de	encargado/-a de	empleado/-a
estudiante en prácticas	obrero/-a (especializado/-a)	director/a general	portero/-a	

Ejemplo: El Encargado de Compras se pone en contacto con los proveedores.

1. ______________________ va a las ferias y visita a los clientes.
2. ______________________ es responsable del desarrollo de nuevos productos.
3. ______________________ trabaja una semana en cada departamento.
4. ______________________ recibe a las visitas.
5. ______________________ decide las campañas publicitarias.
6. ______________________ controla todas las facturas.
7. ______________________ se ocupa de la formación continua.
8. ______________________ hace grandes planes y proyectos para el futuro.

2 Con sus palabras

1 Explique lo que significan las siguientes expresiones.

puesto vacante	puesto fijo	sustitución	horario flexible	horario fijo	teletrabajo

Ejemplo: Un puesto vacante es un lugar de trabajo libre.

____

2 Haga frases. Escriba en su cuaderno.

Ejemplo: En Grancaos hay un puesto vacante, ¡pero esa empresa está muy lejos! ¡Qué lástima!

3 Cuestión de estilo

Relacione las expresiones. ¿Cuáles son más coloquiales? ¿Cuáles más formales?

contar con	1	a	contactar con
requerir	2	b	montar
dedicarse a	3	c	tener
dirigirse a	4	d	necesitar
fundar	5	e	trabajar en

seleccionar	6	f	tener que
comunicar	7	g	decir
tomar una decisión	8	h	elegir
descubrir	9	i	decidir
deber	10	j	ver

4 El portal de la empresa

Usted es experto en informática. Hoy tiene que ayudar a la empresa Chic & Tincitos con el portal.

1 Complete con los verbos que faltan.

ser estar tener tratarse (de) dedicarse (a) especializarse (en) ofrecer elaborar garantizar contar (con) exportar importar

Explorer Archivo Edición Ver Ir Favoritos Herramientas Ventana Ayuda

Atrás Adelante Detener Actualizar Página principal Autorrelleno Imprimir Correo

Dirección: http://www.chicytincitos.es

CHIC & TINCITOS, UNA EMPRESA MODERNA DE GALICIA

Chic & Tincitos __________ su sede en La Coruña y __________ con siete fábricas.

Se __________ de modernas plantas de producción, que __________ en Galicia y Extremadura.

Chic & Tincitos __________ una empresa mediana y se __________ al sector de los zapatos.

Se ha __________ en zapatos para niños pequeños (de 0 a 6 años).

__________ sus productos con materias primas que __________ de Uruguay.

Una tecnología de punta __________ la mejor calidad: Calidad Certificada: ISO 9001: 2000.

Chic & Tincitos __________ una enorme gama de productos.

Los productos estrella, "Colorín" y "Colorado", ya se __________ a varios países.

2 Complete con los sustantivos que faltan.

el clima de trabajo · los responsables · la red · la filosofía · el capital · el compromiso · la plantilla · la formación · la distribución

1. En España, una ________ de tiendas propias garantiza la ________ de los zapatos.
2. Chic & Tincitos cuenta con una ________ de 99 personas.
3. El personal aporta ideas y colabora con gran ________.
4. La ________ de la casa es: "Personal satisfecho, buen ________, clientes satisfechos".
5. Los ________ saben que el personal es el ________ más valioso.
6. La ________ es fundamental, por eso la empresa ofrece muchos cursos y seminarios.

5 Para encontrar trabajo ...

¿Busca usted trabajo? Complete el crucigrama y va a saber qué es lo fundamental para conseguir un puesto.

1. ¡Siempre lo mismo! ¿Por qué no hacemos algo ____?
2. Mi coche es antiguo y vale mucho. Es muy ____.
3. Paula invita a todo el mundo y paga todo. Es muy ____.
4. El jefe siempre quiere todo perfecto. Es muy ____.
5. La película no es nada divertida. Es bastante ____.
6. ¡Eso no es verdad! ¡No puede ser! ¡Es ____!
7. Noemí siempre está de buen humor. Es una chica muy ____.
8. Carmen tiene prisa para todo. Es un poco ____.

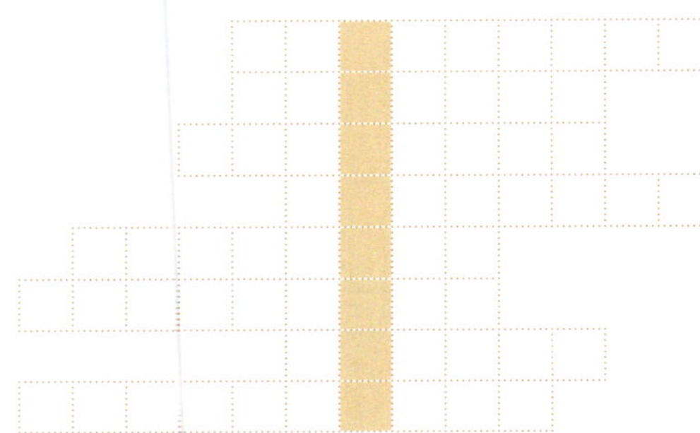

Para conseguir trabajo hay que ser ________.

GRAMÁTICA

6 Verbos, verbos y más verbos

1 Ordene los verbos.

comprender · conocer · decir · empezar · encontrar · escribir · estar · haber · hablar · hacer · ir · pedir · poder · querer · saber · seguir · salir · ser · tener · traducir · volver

Grupo 1 regulares		
-ar	-er	-ir

Grupo 2 con cambios de vocales		
e → ie	e → i	o → ue

Grupo 3 irregulares		

Grupo 4 1ª persona irregular		
-go	-zco	otros

2 ¿Recuerda en qué personas cambian los verbos del segundo grupo?

3 ¿Conoce otros verbos de cada grupo? Apúntelos también.

7 Pretérito perfecto

1 Conjugue el verbo *dormir* en pretérito perfecto.

he dormido ______ has ______ ______ ______ ______ ______

2 Complete con los participios.

buscar	______	hacer	______	vender	______
volver	______	ver	______	ser	______
vivir	______	abrir	______	cerrar	______
salir	______	llegar	______	escribir	______
poner	______	decir	______	ir	______

8 Pasado inmediato y futuro inmediato

Complete las frases con *acabar de* o *ir a*.

1. Los clientes ya están aquí. Acaban de ______ llegar del aeropuerto.

   – ¿Una taza de café, señores? – No, gracias, ______ tomar una en el avión. – La traductora ______ venir de un momento a otro.

2. ______ llegar un fax de Málaga. – ¿De los proveedores? – Sí, dicen que las materias primas ______ llegar mañana. – Pues, ______ ver si esta vez llegan.

3. ¿Qué ______ hacer mañana, chicos? – Nosotros ______ ir a bailar. Acaban de ______ abrir una discoteca cerca de mi casa.

4. Nosotros ______ tener visita. ______ venir unos amigos de Alemania. ______ hablar con ellos. – ¡Qué bien! ¿Y adónde ______ ir con ellos el fin de semana? – No lo sabemos todavía.

9 Me alegro mucho.

1 Conjugue el verbo reflexivo *alegrarse*.

me alegro ________ te ________ ________ ________ ________ ________

2 Complete los minidiálogos.

1. – ¿Cómo ________ la película?	– ________ "Carmen".	llamarse
2. – ¿Ya ________?	– Sí, tengo que ________.	irse
3. – ¿Vosotras ________ todavía?	– Sí, ________ un momento.	quedarse
4. – ¿________ de ir a Madrid?	– Sí, yo ________ mucho.	alegrarse
5. – ¿A qué hora ________ mañana?	– Nosotros ________ temprano.	levantarse
6. – ¿Los niños ________ temprano?	– Sí, y ________ tarde.	levantarse/acostarse

10 En una palabra

Imperativo y pronombres personales. Complete la tabla como en el ejemplo.

1. Por favor, busca las llaves. Búscalas.
2. Debes ducharte. ________
3. Puedes dejarme aquí. ________
4. Llama a Carlota. ________
5. Paga las facturas. ________
6. ¿Nos traes la fruta? ________

COMUNICACIÓN

11 Preguntas de todos los días

1 Relacione.

1.

¿Tienes 1	a sin trabajo?
¿Prefieren 2	b ganas de salir?
¿Sigues 3	c otra cosa?
¿Me repite 4	d ayudarme?
¿Podéis 5	e el número?

2.

¿Conoces 1	a temprano?
¿Pedimos 2	b la siesta?
¿Probáis 3	c algo más?
¿Vuelves 4	d ese restaurante?
¿Duermes 5	e el vino?

3.

¿Cuánto 1	a sigue?
¿Quién 2	b me dirijo?
¿A qué hora 3	c cuesta el libro?
¿A quién 4	d no me dejas aquí?
¿Por qué 5	e te acuestas?

4.

¿Cuándo 1	a dices?
¿Con quiénes 2	b almuerzas?
¿Qué 3	c volvéis?
¿Dónde 4	d vienes?
¿A qué hora 5	e se encuentran?

2 Conteste diez de las preguntas. Escriba las frases en su cuaderno.

12 Sobre gustos y colores no hay nada escrito.

¿Qué dice usted?

a mí sí	a mí también	a mí no	a mí tampoco

A mí me encanta el chocolate. ¿Y a ti?

A mí también. A mí me gustan todas las golosinas.

Pues a mí no.

Un amigo suyo dice:	Usted responde:	
1. A mí me gusta la cerveza. ¿Y a usted?	____________	Bien fría y con algo para picar es exquisita.
2. A mí me apetece más algo picante. ¿Y a ti?	____________	Yo prefiero un vaso de vino tinto y una ensalada.
3. Me gustan las personas dinámicas.	____________	Prefiero las personas tranquilas.
4. Me gusta ir a la escuela en bicicleta.	____________	No me gusta la bicicleta, prefiero ir a pie.
5. No me gusta estudiar de noche.	____________	A veces estudio toda la noche.
6. A mí no me interesa la política.	____________	Yo nunca veo las noticias ni leo el periódico.

13 A mí me gusta mucho.

Completar, traducir y contestar.

Ejemplo: A mí me ____ gusta mucho trabajar aquí.	Und euch?	¿Y a vosotros?	A nosotros también.
1. A las chicas ________ gusta bailar.	Und den Jungen?	____________	____________
2. A la abuela no ________ interesa la política.	Und den Opa?	____________	____________
3. A nosotros ________ encanta viajar.	Und euch?	____________	____________
4. A Carmen y a Ana ________ parece interesante esta película.	Und Pablo und Herrn Torres?	____________	____________
5. ________ me apetece comer chocolate.	Und Ihnen?	____________	____________
6. ________ no nos gusta esta playa.	Und Frau Sánchez?	____________	____________

LECTURA Y REDACCIÓN

14 AIP – Una escuela de idiomas de Valencia

PRACTICAN IDIOMA MIENTRAS REALIZAN ACTIVIDADES DEPORTIVAS

¿Clases con un especialista en turismo? AIP es una idea diferente para complementar los cursos de idiomas con viajes al extranjero y actividades deportivas y culturales. César Ribas, Eva Mas y Fernando Ribas tuvieron la idea y fundaron la escuela.

"Nuestro método es caro, pero tiene beneficios extraordinarios. El que aprende un idioma no vuelve a ser el mismo otra vez", asegura César y añade: "Los idiomas son básicos para asimilar culturas. Con ellos tienes conocimiento del mundo en el que vives. La lengua no viene nunca sola, es el producto de una cultura".

AIP se ocupa de conseguir alojamiento en una familia, en una residencia o en un apartamento. Organiza excursiones, visitas culturales y actividades deportivas, "así las personas que vienen de afuera conocen nuestro país y los estudiantes españoles pueden interactuar con ellos". Es una verdadera inmersión lingüística. Las actividades y la presencia de estudiantes españoles facilitan el intercambio. Los estudiantes mismos se van enseñando las expresiones.

"¿Montar una academia de idiomas? Es una tarea difícil, pero no imposible", dice César. "Eso sí: piénselo bien antes de ponerse en marcha. No es un sitio para ganar dinero. Se necesita mucha vocación". Además de dar clases, César se encarga de la parte financiera; Eva, de la administrativa, y Fernando, del marketing. ¿El secreto para sacar adelante su iniciativa? – "Lo importante es no comprarse un BMW a la primera. Hay que intentar reinvertir el dinero y más aún en una pyme", recomienda César. Y hay que tener en cuenta que "enseñar idiomas no es lo mismo que vender tomates".

Fuente: Capital, abril 2005, texto adaptado

Informe sobre AIP.

¿De qué tipo de empresa se trata?
¿Cómo está organizada AIP?
¿En qué se diferencia de otras escuelas?
¿Qué es lo fundamental en este tipo de empresa?

Panel profesional

Presentación de la empresa	**Die Vorstellung der Firma**
La empresa fue fundada en ... por ...	Die Firma wurde gegründet von ... in ...
Es una empresa muy acreditada en el sector de ...	Das Unternehmen ist sehr renommiert in der ... Branche.
Nuestra empresa se especializa en todo tipo de ...	Unsere Firma ist auf alle Arten von ... spezialisiert.
Para nosotros la calidad es fundamental.	Die Qualität ist für uns von grundlegender Bedeutung.
Tecnología de punta en el sector de ...	Spitzentechnologie in der ... Branche.
Marcas y productos	**Marken und Produkte**
Nuestro producto estrella es el chocolate.	Unser Verkaufsschlager ist die Schokolade.
Nuestros productos se exportan a diferentes países.	Unsere Produkte werden in mehrere Länder exportiert.
Nuestros productos ya se distribuyen en ...	Wir vertreiben unsere Produkte bereits in ...
La marca ... es líder en el mercado ...	Die Marke ... ist Marktführer in ...
Es una de las marcas más conocidas en el ramo de ...	Es ist eine der bekanntesten Marken im Bereich der ...
Plantilla de personal	**Belegschaft**
La empresa cuenta con una plantilla de ... personas.	Die Belegschaft des Unternehmens umfasst ... Personen.
Los empleados colaboran en todo con gran compromiso.	Die Beschäftigten arbeiten mit großem Engagement.
La empresa garantiza la formación continua.	Das Unternehmen garantiert die Fort- und Weiterbildung.
Empresa del sector ... necesita persona con experiencia en ...	Unternehmen der ... Branche sucht Mitarbeiter mit Erfahrung im ... Bereich.
Sustitución de seis meses con posibilidad de puesto fijo.	Halbjahresvertretung mit Möglichkeit der Festanstellung.

Lección 2 Nos ponemos en contacto

VOCABULARIO Y FRASEOLOGÍA

1 El mundo laboral

Complete los conceptos con las vocales que faltan.

c___nd___d___t___	s___st___t___c___ ___n	c___rt___ d___ pr___s___nt___c___ ___n
f___t___gr___f___	___ntr___vist___	___xp___r___ ___nc___ ___ l___b___r___l
c___nt___ct___	t___l___tr___b___j___	c___n___c___m___ ___nt___s d___ ___d___ ___m___s
r___f___r___nc___ ___s	p___ ___st___ f___j___	c___rr___cul___m v___t___ ___
h___r___r___ ___ fl___x___bl___	v___c___nt___	___nt___res___d___s

2 Test de "inteligencia"

En muchas empresas los/las candidatos/-as tienen que hacer tests. Aquí tiene dos ejercicios típicos.

1 Tache lo que no corresponda.

1. la carta de presentación – los adjuntos – la guía turística – la fotografía – el currículum vitae
2. llamativo – detallado – atractivo – original – papel

2 Complete las series.

1. 2 – 4 – 8 – 16 – ______ – ______ – ______ – ______
2. 5 – 10 – 15 – ______ – ______ – ______ – ______
3. 7 – 11 – 13 – ______ – ______ – ______ – ______
4. 100 – 200 – 300 – ______ – ______ – ______ – ______
5. malo – peor, bueno – ____________________, grande – ____________________, pequeño – ____________________
6. alto – bajo, rubio – ____________________, antipático – ____________________, casado – ____________________

3 Sinónimos y antónimos

1 Relacione las palabras con el mismo significado.

la tarea	1	a	el ramo
la salida	2	b	el trabajo
los "papeles"	3	c	el despacho
la oficina	4	d	los documentos
el sector	5	e	la solución

2 Relacione las palabras con significado contrario.

temprano	1	a	atractivo
joven	2	b	llamativo
moderno	3	c	tarde
feo	4	d	viejo
aburrido	5	e	antiguo

4 "Pequeñas" palabras

1 Relacione.

1.

ya	1	a	da, weil
ya que	2	b	nicht mehr
ya no	3	c	noch nicht
todavía no	4	d	schon

2.

si	1	a	trotzdem
si bien	2	b	jede/r/s
sin embargo	3	c	wenn/falls
cada	4	d	auch wenn

3.

de modo que	1	a	währenddessen
lo que	2	b	soviel
tanto	3	c	sodass
mientras tanto	4	d	das (was)

4.

todo	1	a	unten
sobre todo	2	b	unter
debajo de	3	c	alles
abajo	4	d	vor allem

5.

entonces	1	a	später
después	2	b	dann, also
a veces	3	c	ab und zu
de vez en cuando	4	d	manchmal

2 Escoja cinco palabras y escriba frases en su cuaderno.

5 La expresión correcta

¿Qué dice usted en los siguientes casos? Ponga una cruz en la frase correcta.

1. Al empezar a explicar algo:
   - ☐ En primer lugar ...
   - ☐ Un lugar para cada cosa ...
2. Si algo no es grave:
   - ☐ Es verdad.
   - ☐ No pasa nada.
3. Si quiere empezar a hacer algo:
   - ☐ Mano de obra.
   - ☐ Manos a la obra.
4. Para despedirse en un fax:
   - ☐ En espera de sus noticias.
   - ☐ ¿A quién debo dirigirme?

GRAMÁTICA

6 Controle su indefinido.

Complete la tabla.

	yo	tú	él/ella/Ud.	nosotros/-as	vosotros/-as	ellos/ellas/Uds.
ganar	gané	________	________	________	________	________
pagar	________	pagaste	________	________	________	________
tener	________	________	tuvo	________	________	________
subir	________	________	________	subimos	________	________
hacer	________	________	________	________	hicisteis	________
tocar	________	________	________	________	________	tocaron
escribir	________	________	________	________	________	________

7 Una carta

Ponga el pronombre indirecto.

me	te	le	nos	os	les

Querida mamá:

Estoy muy contenta con mi trabajo ______ gusta mucho. Creo que he tenido suerte, ¿no ______ parece, mamá? ______ encanta trabajar con el ordenador. Podéis estar tranquilos con respecto a mi inglés. A las chicas en la oficina ______ parece bastante bueno.

¡Ah, gracias por el paquete! A Juanjo y a mí ______ ha gustado todo mucho. Un abrazo a papá.

No ______ escribo más porque no tengo mucho tiempo. ¿Qué ______ parece, si venís a visitar ______ el domingo? Juanjo ______ manda muchos saludos.

¡Un fuerte abrazo!

Adriana

8 ¿Qué hizo Adriana?

Informe en tercera persona.

Ejemplo: En abril leí un anuncio en el periódico que me interesó. → En abril leyó un anuncio que le interesó.

1. Para informarme miré en Internet y ¡compré chocolate! ______
2. Después fui a la Cámara de Comercio y pedí más información. ______
3. Hablé con un señor muy amable que me dio unos folletos. ______
4. Escribí la carta de presentación y quise mandarla. ______
5. Busqué una foto adecuada, pero no encontré ninguna. ______
6. Fui rápido al centro y me hice fotografiar. ______
7. Volví a casa y envié la carta. ______
8. La semana pasada recibí una invitación. ______
9. Ayer estuve en la empresa. Me hicieron mil preguntas. ______
10. Tuve que hacer un test. Pero creo que lo hice bastante bien. ______

9 ¿Te fue bien?

Al día siguiente de la entrevista Adriana habla con su vieja amiga Graciela. Complete el diálogo.

	Graciela lo quiere saber todo.	Adriana cuenta lo que pasó.
1.	– ¿Dónde estuviste ayer?	– ________ a Flores. (ir)
2.	– ¿________ en autobús? (ir)	– No, ________ en coche. (ir)
3.	– ¿Qué ________ allí? (hacer)	– Me ________ en una empresa.
4.	– Y ¿cómo te ________? (ir)	– No sé, se van a poner en contacto conmigo.
5.	– ¿Te ________ la empresa? (gustar)	– Sí, me ________ muy interesante. (parecer)
6.	– ¿Qué te ________? (preguntar)	– ¡Uf, muchas cosas!, si sé computación, si hablo idiomas ...
7.	– ¿Les dijiste que ________ en Boston? (estar)	– Sí, les ________ todo. (decir)
8.	– ¿Y que ________ en la Bicigoza? (trabajar)	– Claro, y que ahora trabajo en el Meliá.
9.	– ¿Saben que estás aquí por Juanjo?	– No, eso no necesitan saberlo, ¿no?
10.	– Es verdad, tienes razón.	– Bueno, y tú ¿qué ________? (hacer)

10 ¿Perfecto o indefinido?

Complete los dos asociogramas.

~~el otro día~~ · el domingo pasado · ~~nunca~~ · antes de las vacaciones · el día de mi cumpleaños · esta semana · hace poco · ayer · siempre · hasta ahora · la semana pasada · hoy · anoche · hace mucho · anteayer · el miércoles pasado · ahora · este año · hoy mismo

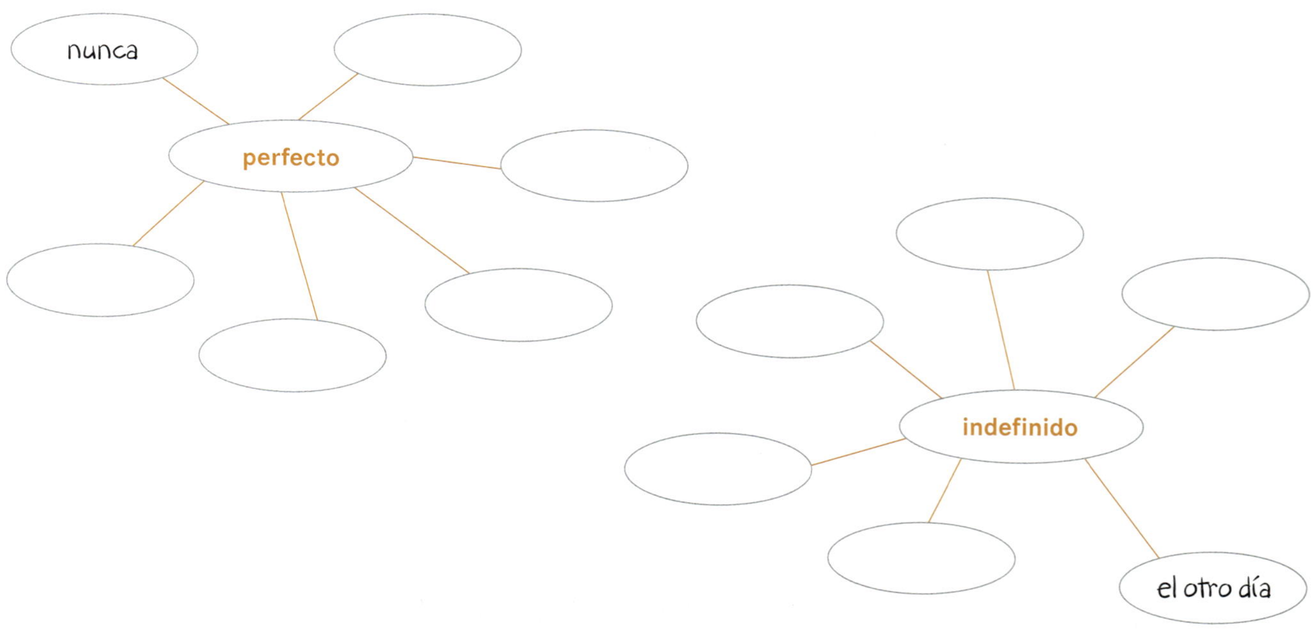

11 ¿Qué pasó?

Complete las oraciones con pretérito perfecto o indefinido.

1. Las chicas siempre ______________________ de 9 a 18 h. (trabajar)

   El miércoles ______________________ hasta las 20 h. (trabajar)

2. Todo el año ______________________ en bicicleta al trabajo. (ir)

   El otro día ______________________ en metro, por la lluvia. (ir)

3. Marta nunca ______________________ más que un café. (desayunar)

   Durante el seminario ______________________ en el hotel. (desayunar)

4. Nunca hay problemas con el ordenador.

   La semana pasada ______________________ un problema terrible. (haber)

5. ¿Qué ______________________ el domingo? (hacer – ella)

   El domingo ______________________ en casa todo el día. (estar – ella)

COMUNICACIÓN

12 ¿Por qué no hacemos algo juntos?

¿Qué les gusta hacer en su tiempo libre? ¿Y qué no? Complete el diálogo.

yo	a mí
me	para mí (2x)
te	nos

con otro/-a chico/-a / mis compañeros de ... / con mis padres/amigos/colegas / con mi novio/-a / mi pareja / mi perro / solo/-a / en grupo

conversar	escuchar música
ver la tele(visión)	navegar en Internet
jugar a las cartas	ir en bicicleta
descansar	ir de copas
jugar al tenis	no hacer nada

LatinChat - Tu Punto de Encuentro - Microsoft Internet Explorer

LatinChat

Amistad > Tertulia #1 | 4 usuarios en esta sala

1. JUANJO: ¿Y a ti? ¿Qué __________ gusta hacer en tu tiempo libre?
2. MARISOL: Depende. Cuando estoy sola ______________________.
3. CARLITOS: A mí __________ encanta ______________________.
4. LUISA: __________ prefiero ______________________.
5. JUANJO: Yo no. __________ me gusta más ______________________.
6. LUISA: __________ eso es aburridísimo. Lo que no me gusta es ______________________.
7. CARLOS: A mí tampoco. __________ lo más divertido es ______________________.
8. MARISOL: A mi novio y a mí __________ gusta mucho ______________________.

Usuarios | Salas
JUANJO
MARISOL
CARLITOS
LUISA

13 Una experiencia importante

Escriba un "correo circular" e informe sobre su experiencia laboral en su cuaderno.
Alternativa: Elija una de estas personas e informe sobre sus experiencias.

Luis, camarero

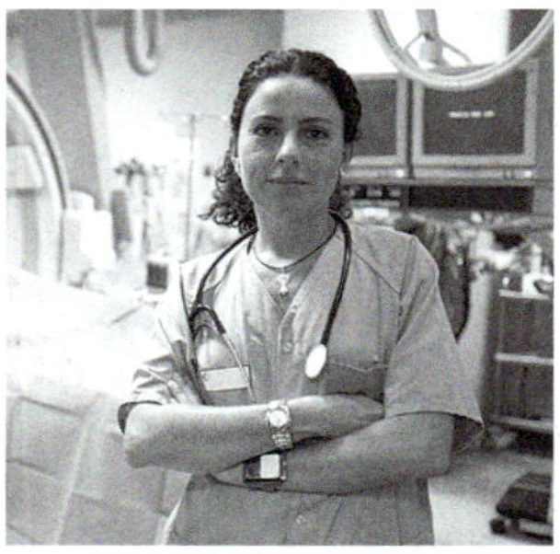

Catalina, médica

Rodolfo, vendedor

Virginia, administrativa

¿Cuántas cartas de presentación escribió usted?
¿Cuándo y dónde fue su primera entrevista?
¿Cómo fue?
¿Con quién/es habló?
¿Fueron amables?
¿Cuándo le dieron la respuesta?
¿Cuándo ha empezado a trabajar?

LECTURA Y REDACCIÓN

14 Anuncios y cartas de presentación

1 Lea los dos anuncios y póngales los títulos.

☐ Revista especializada en turismo
☐ Acreditada empresa internacional

EL MUNDO 5.5.6

BUSCA

Periodista para Cuba, contrato por dos años.

Imprescindible sólidos conocimientos de computación.

Posibilidad de especializarse en el lenguaje coloquial del Caribe o en otro tema de su interés.

Dirigirse a: Manuela Godoy.
Fax: 93 987 234

b

EL PAIS 3.5.6

Líder en el sector de la robótica
SELECCIONA VENDEDORES JÓVENES Y FLEXIBLES PARA AYUDAR AL EQUIPO DE VENTAS.

Se requiere:
- Experiencia profesional en el país y en el extranjero.
- Alta inteligencia emocional y capacidad para comunicar.
- Capacidad para tomar decisiones.

Contactar con: RoRo@teleco.es

a

2 Elija el anuncio más interesante para usted y escriba una carta de presentación. Si no le gustan estas ofertas, vaya a una Bolsa de Trabajo en Internet y busque otro anuncio (http://www.trabajos.com).

Dortmund, 12 de ...

Referencia: Su anuncio en "El Periódico"

Estimados señores:
Me dirijo a Ud. por el anuncio del ...
Me interesa mucho su oferta porque soy ...
Como pueden ver en mi currículo, tengo ...
Durante ...
El año pasado ...
Ahora ...

En espera de sus noticias, les saluda muy atentamente

Adjunto: Curriculum Vitae

15 La puerta de Europa

Escriba un informe sobre la inmigración en España. Busque información actual sobre el tema.
Alternativa: Si lo prefiere, escriba sobre la situación en Europa en general, en su país o en los Estados Unidos.
Los siguientes conceptos le ayudan:

país atractivo
inmigrantes legales
inmigrantes ilegales, sin papeles
trabajadores legalizados
mano de obra barata
sectores poco atractivos
actividades estacionales
actividades mal pagadas
trabajadores extranjeros

Panel profesional

Entrevista de trabajo	Vorstellungsgespräch
Vengo por el anuncio.	Ich komme auf Ihre Anzeige.
La señora / El señor ya te/lo/la espera.	Frau ... / Herr ... erwartet Sie schon.
Mucho gusto, y gracias por la invitación.	Sehr erfreut und vielen Dank für die Einladung.
Toma/Tome asiento, por favor.	Setzen Sie sich doch, bitte.
¿No has/ha tenido problemas para encontrarnos?	Hatten Sie Schwierigkeiten uns zu finden?
El fax que me mandaron me ayudó mucho.	Ihr Fax war sehr hilfreich.
Una persona dispuesta a colaborar en todo.	Jemand, der bereit ist überall mitzuarbeiten.
Se trata sólo de una sustitución.	Es handelt sich nur um eine Vertretung.
Eso es justo lo que yo quiero.	Genau das ist es, was ich mir vorgestellt habe.
Para mí, hacer siempre lo mismo es aburrido.	Immer nur das gleiche zu tun finde ich langweilig.
Está bien, así hago experiencia ...	Gut, auf diese Weise kann ich Erfahrungen sammeln.
A ver, tus/sus datos están en el currículum, ¿no?	Die Angaben zur Person finde ich im CV, nicht wahr?
Computación, idiomas ... ¿Qué tal tu/su inglés?	EDV-Kenntnisse, Sprachen ... Wie sieht es mit Ihrem Englisch aus?
No tengo problemas. Estuve en ...	Kein Problem, ich war in ...
¡Fue una experiencia magnífica!	Das war eine hervorragende Erfahrung!
Aquí pones/pone que tienes experiencia laboral.	Hier steht, Sie haben auch Berufserfahrung.
Ahora estoy en ... y antes hice prácticas en ...	Jetzt bin ich bei ... Vorher habe ich ein Praktikum bei ... gemacht.
¿En qué departamento trabajaste/trabajó?	In welcher Abteilung waren Sie tätig?
Primero en la administración, después en ...	Zuerst in der Verwaltung, dann in ...
¿Por qué quieres/quiere trabajar con nosotros ahora?	Warum möchten Sie nun bei uns arbeiten?
En una empresa pequeña se aprende mucho.	In einem kleinen Unternehmen kann man viel lernen.
Una sustitución es atractiva para mí.	Eine Vertretung ist durchaus reizvoll für mich.
Bueno, gracias por haber venido.	Gut, vielen Dank, dass Sie gekommen sind.
Ya nos vamos a poner en contacto.	Sie hören von uns.

Lección 3 ¿No está satisfecha?

VOCABULARIO Y FRASEOLOGÍA

1 Grandes amigos: verbos y sustantivos

1 Complete las familias de palabras.

verbo	sustantivo	adjetivo
______	el ______	(bien/mal) aconsejado/-a/-os/-as
______	la concentración	______
______	el ______	dibujado/-a/-os/-as
equipar	el ______	(bien/mal) ______
exigir	la ______	______
probar	el ______	probado/-a/-os/-as
______	el ______	regalado/-a/-os/-as
______	el ______	soñado/-a/-os/-as
______	la unión	______

2 Con ayuda de los prefijos encontrará otras palabras.

com______ des______ re______

2 ¿Qué debe hacer un buen empleado?

Complete el crucigrama. Hay que ...

acostumbrarse	adaptarse
hacerse	identificarse
integrarse	mantenerse
merecerse	ponerse

1.
2.
3.
4.
5.
6.
7.
8.

Hay que ______ lo todo.

1. ______ con el trabajo.
2. ______ al día, estar bien informado.
3. ______ a la comida del país.
4. ______ el sueldo.
5. ______ en contacto por teléfono.
6. ______ en el equipo de trabajo.
7. ______ a las exigencias del mercado.
8. ______ imprescindible.

3 Conceptos compuestos

Relacione y forme nuevos conceptos. Use *de*.

Ejemplo: el lugar + el trabajo = lugar de trabajo

la canción	+	la calidad	______
el grupo	+	la noche	______
el control	+	la protesta	______
el vestido	+	el trabajo	______

4 "Pequeñas palabras"

1 Subraye las expresiones de tiempo.

de modo que	un buen día	hoy en día	al mismo tiempo
de vez en cuando	a la vez	en primer lugar	en cualquier lugar
antes	poco a poco	de cualquier modo	ayer
por un lado	por último	entonces	por otro lado

2 Complete el minidiccionario.

gleichzeitig	______	sodass	______	nach und nach	______
einerseits	______	andererseits	______	zuletzt	______

5 ¿Qué es lo que no concuerda?

Tache lo que no concuerda.

1. el té – el mate – el café – la chicha – el che
2. los hermanos – los abuelos – los patios – los tíos – los primos
3. llorar – cantar – bailar – reírse – divertirse
4. resumir – describir – tachar – nacer – definir

6 Sinónimos y antónimos

1 Relacione las palabras con el mismo significado.

mandar 1	a subir	anoche 4	d a la vez
aconsejar 2	b enviar	al mismo tiempo 5	e actualmente
aumentar 3	c asesorar	hoy en día 6	f ayer por la noche

2 Relacione las palabras con significado contrario.

llevar 1	a responder	ir 4	d salir
preguntar 2	b dormir/se	entrar 5	e levantarse
despertar/se 3	c traer	acostarse 6	f venir

7 El nuevo equipo de fútbol

Traduzca.

1. Hast du dich gut in das Team integriert?
2. Hast du dich daran gewöhnt, mit uns zu spielen?
3. Bist du mit allem zufrieden?
4. Wir sind auch mit dir zufrieden.
5. Also, wenn du willst, kannst du hier weiter machen.
6. Wir brauchen sowieso mehr Leute.
7. Es ist eine einmalige Gelegenheit.
8. Das Problem ist, dass gerade jetzt ...

GRAMÁTICA

8 El imperfecto

Conjugue los verbos.

infinitivo	yo	tú	él/ella/Ud.	nosotros/-as	vosotros/-as	ellos/ellas/Uds.
trabajar	trabajaba				trabajabais	
tener		tenías				tenían
vivir			vivía			
ir	iba			íbamos		
ser	era				erais	

9 Una cena espectacular y un colega curioso

Complete las preguntas con el imperfecto de los tres "famosos verbos".

ser ______ estar ______ hay había

1. ¿Dónde ______ el restaurante? ¿Cómo ______ el edificio?
2. ¿______ muy lleno? ¿______ mesas todavía?
3. ¿Con quiénes ______ usted? ¿De dónde ______ sus clientes?
4. ¿______ agradables? ¿______ por primera vez allí?
5. ¿Qué ______ para comer? ¿Qué tal ______ la comida?
6. ¿De dónde ______ el vino? ¿______ bueno?

10 Las máquinas viejas

Describa las máquinas. Use el imperfecto.

ser (3x)	haber	controlar	funcionar	trabajar	estar
producir	costar	ir	venir		

1. Antes las máquinas no __________ automáticas. De noche no __________.
2. En cada máquina __________ una persona que __________ la producción.
3. Las máquinas viejas no __________ muy rápidas, __________ mucho menos que las nuevas.
4. Además __________ muchos problemas, porque ya no __________ en buenas condiciones.
5. El mecánico __________ y __________ de una máquina a la otra.
6. La producción por hora __________ muy baja. Los productos __________ mucho más que ahora.

11 Cuando era pequeña ...

Imperfecto o indefinido. Subraye la forma correcta.

1. Antes la familia vivía / vivió en Argentina.
2. La situación era / fue muy mala.
3. No había / hubo trabajo.
4. Un día el abuelo decía / dijo: ¿Por qué no nos vamos a España?
5. Los padres iban / fueron a una agencia de viajes y reservaban / reservaron un vuelo.
6. Adriana no quería / quiso ir a España.
7. Ella tenía / tuvo muchos amigos en Córdoba y se lo pasaba / pasó muy bien.
8. En esa época tenía / tuvo 13 años.
9. Era / Fue la primera vez que viajaba / viajó a Europa.
10. El viaje en avión le gustaba / le gustó mucho.

12 ¿Cómo te lo pasaste?

Complete el diálogo con el pretérito perfecto, el indefinido o el imperfecto.

A ¡Oh! Ya estás aquí, Manolo. ¿Cuándo __________ (volver) de tus vacaciones?

B __________ (llegar) el sábado. __________ (venir) con unos chicos que __________ (estar) en el mismo hotel.

A ¿Los __________ (conocer) allí, entonces?

B Sí, siempre __________ (jugar) al tenis. Un día __________ (hacer) una excursión juntos y __________ (conversar) mucho tiempo. __________ (ser) muy simpáticos.

A ¡Qué bien! ¿Os __________ (hacerse) amigos?

B Sí, esta mañana ______________ (hablar) con ellos. Me ______________ (decir) que van a venir a visitarme.

A ¡Me alegro! ¿Y la playa qué tal ______________ (ser)?

B ¡Fantástica! ______________ (ser) blanca y bonita. ______________ (haber) poca gente, pero el agua ______________ (estar) fría. Pero, y tú, ¿cómo te lo ______________ (pasar)?

A Yo ______________ (estar) todo el tiempo aquí, ______________ (trabajar) muchísimo y ______________ (terminar) el proyecto.

13 Mango y sus filiales

1 Explique la estadística. Utilice:

más de	menos de	unas	casi

En el 2000 Mango tenía más de 500 filiales.

Un año más tarde ya había poco menos de ______________

____

____

____

Evolución en los establecimientos

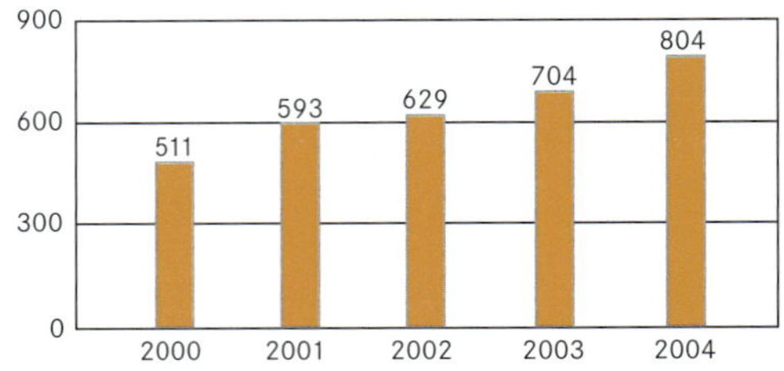

2 "Actualice" la estadística, según su opinión.

Creo que en el 2005 ______________________________

____

____

COMUNICACIÓN

14 Antes y ahora

1 **Mire los dibujos y describa cómo vivían, lo que hacían antes y lo que hacen ahora.**

vivir con ... en ...	(no) hacer mucho deporte
estudiar/trabajar en ...	bailar ... / jugar en el equipo de ...
ir a ... en bicicleta / a pie / en ...	salir poco / todas las noches
desayunar siempre/nunca muesli	tener muchos/pocos amigos
(no) leer el periódico / ver la tele	ir a la biblioteca / buscar en Internet
interesarse por las noticias locales / la política	hablar por teléfono / mandar mensajes

2 **Ahora escriba su "biografía".**

cuando	antes	en esa época	entonces	desde (hace) ...	en el año ...

Ejemplo: Cuando era pequeña vivía con mis abuelos. En esa época ...
Cuando tenía ocho años ... Entonces ...

15 En un bar

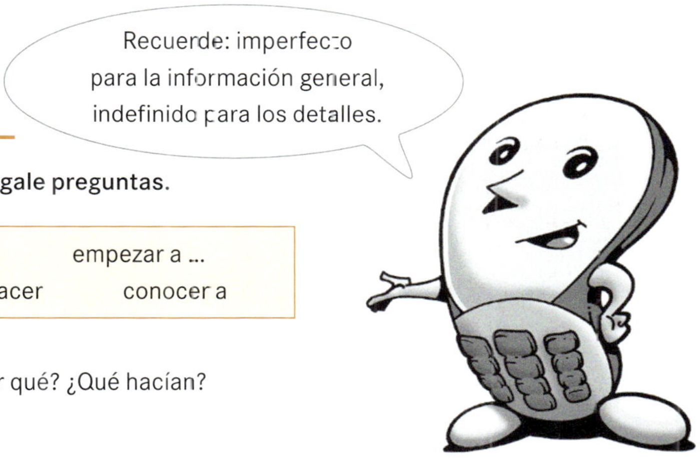

Usted acaba de conocer a un/a chico/-a fascinante. Hágale preguntas.

aprender a leer	ver el mar por primera vez		empezar a ...
subir a una montaña	viajar en avión	nacer	conocer a

Ejemplo: ¿Cuándo naciste? ¿Tus padres ya vivían allí? ¿Por qué? ¿Qué hacían?

LECTURA Y REDACCIÓN

16 ¿Es usted un buen periodista?

Escriba un artículo sobre el mate. Elija un aspecto de su interés. El título puede ser:

Nada mejor que un mate.
Una campaña que hace historia.
El mate – todo un símbolo

Inmigrantes

1 Lea la entrevista. Subraye el indefinido con rojo y el imperfecto con verde.

A No entiendo, ¿por qué vinieron a Argentina?
B Nuestra situación en el trabajo era muy difícil. Te podían poner en la calle en cualquier momento. Trabajábamos para otros. Si no teníamos algo propio a los 30 años de edad, no sabíamos cómo alimentar a nuestras familias.
A Es difícil. ¿Quizás en las grandes superficies?
B Las grandes superficies no quieren personas mayores. A los 10 ó 15 años te despiden o te trasladan a otra sucursal. Es decir, o acaban con tu trabajo o acaban con tu familia.
A ¿Pensaron ir a otro país?
B No, no. Hablar español fue un factor decisivo. Además, Alta Gracia[1] es muy parecida a Extremadura, donde nacimos.
A ¿Cómo fue el comienzo?
B Compramos una casa y dijimos: "Vamos a trabajar". Trabajando decentemente, con la ayuda de los padres, crecimos.
A ¿Ellos eran el apoyo moral?
B Claro, uno iba a casa con algún problema y te decían: "Nada. Hay que mirar adelante".
A ¿Vinieron con capital?
B Muy poco, vendimos un departamento[2] y el cambio nos favoreció para comprar la casa, que hoy es un hotel.
A Llegaron en el momento justo.
B Sí, con una política de hacer las cosas bien: "no joder a nadie" y cobrar lo justo.

1 Alta Gracia: ciudad en la provincia de Córdoba, Argentina – 2 departamento: apartamento, piso

2 Minidiccionario – Busque y explique las expresiones.

____________	supermercados gigantes	____________	ser correcto, no molestar
poner en la calle	____________	cobrar lo justo	____________

3 Informe. Resuma los puntos principales del texto.

Panel profesional

Historia de la empresa	Firmengeschichte
La empresa era pequeña.	Die Firma war klein.
Empezamos en un garaje.	Wir haben in einer Garage angefangen.
La fábrica estaba en ...	Die Fabrik war in ...
Producíamos para el mercado local.	Wir haben für den lokalen Markt produziert.
De vez en cuando llegaban pedidos de otros lugares.	Gelegentlich kamen Bestellungen von außerhalb.
Entonces nos trasladamos a ...	Dann sind wir nach ... gezogen.
Montamos una fábrica nueva y la equipamos con máquinas modernas.	Wir haben eine neue Fabrik aufgebaut und sie mit modernen Maschinen ausgestattet.
La producción aumentó y los costos bajaron.	Die Produktion stieg und die Kosten sanken.
Las máquinas trabajaban día y noche.	Die Maschinen liefen Tag und Nacht.
¡Ya no sabíamos a quién venderle!	Wir wussten nicht mehr, an wen wir verkaufen konnten!
Necesitábamos nuevos mercados.	Wir brauchten neue Märkte.
Un buen día nos decidimos a ...	Eines schönen Tages beschlossen wir ...
La relación precio-calidad era favorable.	Das Preis-Leistungs-Verhältnis war günstig.
Recibimos cientos de pedidos y ...	Wir erhielten Hunderte von Aufträgen ...
¡Entonces dimos el salto!	Und dann haben wir den Sprung geschafft!
Eso fue hace poco más de ...	Das war vor etwas mehr als ...
Ahora vendemos en todo el país.	Jetzt verkaufen wir (unsere Produkte) im ganzen Land.

Lección 4 Orden del día

VOCABULARIO Y FRASEOLOGÍA

1 "Con nombre y apellido"

1 Busque para cada sustantivo el adjetivo correspondiente.

montaños__	cuadrad__	nacional	geográfic__	pobre	ibéric__	autónom__	tecnológic__

una región geográfica ________

la península ________

un paisaje ________

el kilómetro ________

una comunidad ________

la población ________

la infraestructura ________

un país ________

2 Busque para cada adjetivo el sustantivo que falta.

oportunidad	secreto	documento	experiencia	formación	tasa	solución	problema

la ________ laboral

la ________ continua

un ________ imprescindible

la ________ impositiva

una ________ ingeniosa

un ________ urgente

una ________ única

un ________ profesional

2 "De la mano"

Relacione cada verbo con un sustantivo.

1.

despertar 1	a la infraestructura
disponer de 2	b emociones
tomar 3	c los clientes
modernizar 4	d el archivo
actualizar 5	e tiempo
atraer a 6	f asiento

2.

aclarar 1	a una meta
alcanzar 2	b una propuesta
hacer 3	c un deseo
tener 4	d una decisión
expresar 5	e una duda
tomar 6	f un inconveniente

3 ¡A bailar!

Ordene las “parejas”. Cada uno baila con su contrario.

algo	algún	nada	ninguno	alguna	ninguna	alguno	alguien	ningún	nadie

a__________ + n__________

a__________ + n__________

a__________ + n__________

a__________ + n__________

a__________ + n__________

4 Expresiones de tiempo

Complete el minidiccionario.

dentro de poco	__________	al mediodía	__________
antes que nada	__________	por la tarde	__________
hoy mismo	__________	en cualquier momento	__________
mañana, como muy tarde	__________	a partir de ahora	__________
__________	vor kurzem	__________	zunächst
__________	vor einiger Zeit	__________	danach
__________	seit zehn Jahren	__________	anschließend
__________	früher	__________	später

5 Fraseología

1 Traduzca las siguientes expresiones.

cualquier cosa	__________	a cualquier hora	__________
a cualquier precio	__________	en cualquier tienda	__________
uno cualquiera	__________	cualquiera puede ayudarle	__________
cualquiera de los dos	__________	cualquier pregunta	__________

2 Haga frases. Escriba en su cuaderno.

Ejemplo: Le doy mi teléfono por cualquier cosa.

6 Todo es bueno

Busque los sinónimos más adecuados para cada caso. Puede usar varias veces cada adjetivo.

interesante	favorable	brillante	extraordinario/-a	bajo/-a
competitivo/-a	increíble	buenísimo/-a	fascinante	magnífico/-a
excelente	divertido/-a	estupendo/-a	innovador/a	simpático/-a
genial	agradable	moderno/-a	espectacular	activo/-a

un buen precio — un precio ______

una buena idea — una idea ______

una buena propaganda — una propaganda ______

buenos productos — unos productos ______

un buen jefe — un jefe ______

un buen negocio — un negocio ______

una buena cerveza — una cerveza ______

GRAMÁTICA

7 El pretérito pluscuamperfecto

Complete: imperfecto de *haber* + participio perfecto.

había ido ______ ______ ______ ______ habíais ______ ______

8 ¿Por qué lo hicieron?

EL INGENIOSO
HIDALGO DON QVI-
XOTE DE LA MANCHA,
Compuesto por Miguel de Ceruantes Saauedra.
DIRIGIDO AL DVQVE DE BEIAR,
Marques de Gibraleon, Conde de Benalcaçar, y Bañares, Vizconde de la Puebla de Alcozer, Señor de las villas de Capilla, Curiel, y Burguillos.
Año, 1605.
CON PRIVILEGIO,
EN MADRID, Por Iuan de la Cuesta.
Véndese en casa de Francisco de Robles, librero del Rey nro señor.

Complete. Explique los motivos en pluscuamperfecto.

1. Alicia tomó un taxi porque se había levantado tarde ______. (levantarse tarde)
2. Carla no comió nada porque ______. (comer en el avión)
3. Maribel se fue de la casa ______. (discutir con Hugo)
4. Las chicas durmieron la siesta ______. (bailar toda la noche)
5. Nuria fue sola al cine porque José ______. (ver la película la semana pasada)
6. Alberto y Ricardo tenían un hambre terrible ______. (jugar al fútbol toda la tarde)
7. Juanita leyó otra vez El Quijote ______ (leerlo en la escuela y no comprender nada)
8. Paula y Rubén fueron otra vez a Mallorca ______. (ya ir una vez hace mucho y gustar)

9 ¿Desde cuándo?

Complete con ...

1. desde – desde hace

1. ¿__________ cuándo están aquí los clientes?
2. Conozco a Pedro __________ mucho tiempo.
3. No he estado en Barcelona __________ tres años.
4. __________ ayer no he comido nada.
5. __________ un mes no sé nada de Manolo.
6. Espero el autobús __________ media hora.

2. desde – desde hace – desde que – desde entonces

1. __________ el año pasado tengo coche.
2. __________ tengo coche, no voy nunca a pie al trabajo.
3. __________ estoy cada día más gordo.
4. __________ una semana voy a un gimnasio.
5. __________ hago gimnasia siempre tengo hambre. A partir de mañana voy a ir otra vez a pie al trabajo.

10 ¿Alguna pregunta?

Complete con ...

algún / alguno/-a/-os/-as		
ningún/-uno/-una		nada
algo	nadie	alguien

1. ¿Alguna __________ pregunta? – No, __________.
2. ¿__________ problema? – No, ninguno.
3. La jefa no está para __________.
4. ¿Conoce __________ de nuestros productos? – Lo siento, no conozco __________.
5. ¿Tiene nuevas informaciones? – Sí, __________. Ahora os cuento.
6. Llegáis tarde, ¿ha pasado __________? – No, __________. Sólo que había mucho tráfico.
7. ¿No tiene __________ muestra? – Sí, tengo __________.

11 Llama el jefe.

Complete con ...

algún/-uno/-una	nada	algo	nadie
ningún/-uno/-una	alguien	cualquier/a	

A ¿Ha habido __________ llamada importante para mí?

B No, no ha llamado __________ en todo el día. Han llegado __________ cartas, pero __________ muy importante. El Sr. Rodríguez quiere saber __________ precios.

A Ya ha preguntado dos veces. Tenemos que decirle __________.

B Dice, que si usted no está, __________ tiene que darle una respuesta.

A Bueno, lo voy a llamar desde aquí en __________ momento.

COMUNICACIÓN

12 ¡Tiene que disculparse!

1 **Complete los recursos de comunicación.**

Para disculparse		Para aceptar una disculpa	
______________	Es tut mir Leid.	______________	Kein Problem!
______________	leider	______________	Macht nichts!
______________	Es gibt ein kleines Problem.	______________	Ich verstehe.
______________	aber selbstverständlich	No se preocupe.	______________

2 **Elija uno de los motivos para disculparse y escriba un diálogo en su cuaderno.**

- Usted ha roto un cuadro muy valioso.
- Se ha olvidado el cumpleaños de un amigo.
- Se ha llegado tarde a una cita importante.

A ¡Oh! Lo siento mucho.
B Bueno, no importa.

13 La empresa Torres

Cuente la historia de la empresa. Utilice: imperfecto, indefinido y pluscuamperfecto.

1. Don Rogelio ______________ (fundar) la empresa en 1996. En esa época la empresa no ______________ (tener) un local propio. ______________ (trabajar) en un garaje. ______________ (ser) tres personas: don Rogelio, Marcela y Pablo. Se ______________ (divertirse) mucho, pero ______________ (ganar) poco.
2. En 1998 ______________ (entrar) don Ramón en la empresa. Hasta entonces la calidad no ______________ (ser) nunca constante. Don Ramón introdujo______________ (introducir) el control de calidad. Como la calidad ______________ (ser) buena, ______________ (recibir) muchos pedidos y ______________ (llegar) cada vez más y de más lejos. No ______________ (poder) atenderlos todos.
3. Un año más tarde ______________ (comprar) mejores máquinas. ______________ (ser) máquinas usadas, semiautomáticas, pero ______________ (estar) en buenas condiciones. Entonces ______________ (empezar) a producir en serie. Los negocios ______________ (ir) muy bien. Ahora ______________ (ganar) mucho más.
4. En Flores ______________ (montar) una fábrica supermoderna. ______________ (aumentar) mucho la capacidad de producción. ______________ (contratar) más personal. ______________ (automatizar) completamente la producción. ______________ (sacar) a la venta una nueva línea de productos.

14 Organización es todo

Elija una de estas situaciones y explique lo que van a hacer.

- excursión a la montaña
- visita de una exposición
- visita de su ciudad
- presentación de su empresa

en primer lugar	después	
a continuación	más tarde	por último

LECTURA Y REDACCIÓN

15 Pedido de información

1 **Lea la carta sin consultar el diccionario.**

Chic & Tincitos S.L. • c/Magdalena nº 21 • La Coruña

Ayuntamiento de Huesca

La Coruña, 28 de julio de 2006

Estimados señores:
Hemos obtenido su dirección a través de la Cámara de Comercio de Aragón y nos dirigimos a ustedes para requerir informaciones sobre esa ciudad y sobre la región.
Somos una empresa dedicada a la fabricación, distribución y venta de zapatos. Nuestra especialidad son los zapatos para niños. El grupo meta son los niños de 0 a 6 años. En estos momentos estamos buscando nuevos horizontes ya que nos gustaría abrir tres sucursales en otras Comunidades Autónomas.
Para decidir dónde ubicar nuestras filiales, necesitamos información detallada sobre la ciudad (tamaño, población, composición de la población por grupos de edades, actividades económicas y culturales, existencia de otras tiendas del ramo, etc.) y de la región. Por ejemplo, nos interesaría la posibilidad de montar una gran superficie o un almacén, acceso a autopistas, distancia al aeropuerto más próximo, mano de obra calificada, precio del agua, la electricidad y otros gastos.
Les ruego enviarme su informe lo antes posible y comunicarme si están interesados en una colaboración con nuestra empresa.

Con un cordial saludo
Miguel Ángel Rodríguez Honduras
Director General

2 **Informe.**

- ¿De qué empresa es la carta?
- ¿Qué sabe de esa empresa?
- ¿Cuál es el objetivo de la carta?
- ¿Qué planes tiene?

3 **Conteste la carta. Envíe algunas de las informaciones solicitadas. Comunique si tiene interés y explique por qué. Pida mayor información sobre algún punto. Despídase y salude.**

1 Elija un país de Hispanoamérica. Infórmese e informe. Busque datos actuales.

Datos geográficos:
ubicación (Norte, Sur, Este, Oeste)
población en millones de habitantes
superficie en km^2
capital y principales ciudades
otros datos importantes (ríos, montañas, clima)

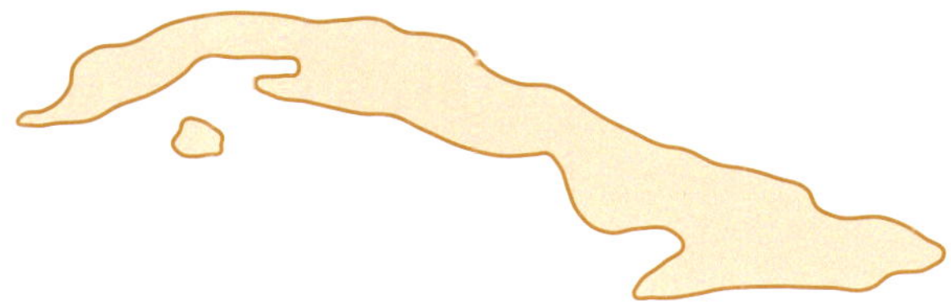

Datos económicos:
principales industrias
exportaciones e importaciones
producto bruto y per cápita
desarrollo (analfabetismo, salud)
asociaciones económicas
deuda externa

Cuba es una isla situada en el Caribe, al sur de Florida (EE.UU.).
Tiene más de 11 millones de habitantes sobre una superficie de ...

2 Escriba en su cuaderno un informe sobre el país elegido.

Panel profesional

Visita en la empresa	Firmenbesuch
Romper el hielo	**Aufwärmen**
¿Qué tal el viaje?	Wie war die Reise?
Todo bien, por suerte, pero un poco cansado.	Alles in Ordnung, danke, nur etwas müde.
Ya había tenido antes una reunión muy agotadora.	Ich hatte vorher schon eine anstrengende Besprechung.
Esta semana ha sido terrible. Cada día otra cosa.	Diese Woche war schrecklich. Jeden Tag etwas Neues.
Bueno, ¿alguna pregunta? ¿Un cafecito quizás?	Na gut, haben Sie Fragen? Wie ist es mit einem Kaffee?
No, por el momento, no.	Im Moment nicht, danke.
Explicar el motivo	**Der Grund des Besuchs**
Nosotros le habíamos escrito, no sé si recuerda que ...	Wir hatten Ihnen (schon) geschrieben. Ich weiß nicht, ob Sie sich erinnern ...
Por supuesto. Me interesa mucho su oferta de ...	Aber natürlich. Ihr Angebot ... interessiert mich sehr.
Últimamente los precios han aumentado mucho y ...	In letzter Zeit sind die Preise erheblich gestiegen ...
Dentro de poco vamos a sacar un nuevo producto al mercado y necesitamos ...	Wir werden bald ein neues Produkt auf den Markt bringen und dafür brauchen wir ...
¡Enhorabuena! ¿Cómo han sabido de nosotros?	Meinen Glückwunsch! Wie haben Sie von uns erfahren?
Hace poco estuvimos en ... Ellos nos han dado su dirección.	Wir waren vor kurzem in/bei ... Dort hat man uns Ihre Anschrift gegeben.
Organizar la visita	**Den Besuch organisieren**
Antes que nada, ¿de cuánto tiempo disponen ustedes?	Bevor wir anfangen – wie viel Zeit haben Sie?
Estamos aquí hasta ...	Wir sind hier bis zum ...
Tenemos tiempo para todo.	Wir haben genug Zeit für alles.
En primer lugar pueden ver nuestra película sobre ...	Zuerst können Sie sich unseren Film über ... ansehen.
Después, a las ... pueden visitar la planta.	Dann, so gegen ..., gehen wir in die Produktion.
A continuación, vamos a almorzar en ...	Anschließend gehen wir zum Mittagessen in ...
Por la tarde podemos conversar tranquilos.	Nachmittags können wir uns dann in Ruhe unterhalten.
Si llegamos a un acuerdo, podemos concretar las condiciones antes del viaje.	Wenn wir uns einig werden, können wir die Konditionen noch vor Ihrer Abfahrt festlegen.
¿Les parece bien este plan?	Sind Sie mit dieser Planung einverstanden?
Nosotros estamos de acuerdo con todo.	Wir richten uns da ganz nach Ihnen.

Lección 5 Una auditoría

VOCABULARIO Y FRASEOLOGÍA

1 Fuga de letras

Complete con las letras que faltan.

una audi___o___ía	la o___gani___a___íon	la term___na___ ___ ___ n	la rad___ ___gra___ía
el ani___ers___rio	el lab___ra___ ___rio	el fun___ ___ ___namien___ ___	el encar___ ___ d___
el b___tellón	las pal___eras	el p___rque	la pant___mi___a

2 "Pequeñas palabras"

1 Relacione.

si 1	a sondern	vale 4	d mal sehen	por eso 7	g weil
sino 2	b sonst	a ver 5	e los geht's	es que 8	h darum
si no 3	c ob/wenn	vamos 6	f okay, in Ordnung	porque 9	i es ist so, dass / also

2 Complete el diálogo en una tienda.

A ____________________ (mal sehen) ¿qué vaqueros quiere? ¿Estos?

B No, no, esos no, ____________________ (sondern) los otros, allí.

A ____________________ (ok). ¿Estos negros entonces?

B Sí, gracias. ____________________ (es ist so, dass ...) azules ya tengo, ¿sabe? ____________________ (darum) ahora quiero unos negros.

A Claro. Allí está el probador. ____________________ (wenn nicht) le van bien, tengo otros modelos. ____________________ (wenn) quiere, enseguida se los traigo.

3 "Rompecabezas" – ein "Puzzle"

1 Una las sílabas y forme verbos.

1. Dos sílabas

fun •	• tar	o •	• friar	a •	• rer
lo •	• mar	de •	• quiar	pe •	• brir
for •	• ñar	cum •	• cir	que •	• dir
con •	• dar	en •	• ír	ha •	• lir
so •	• grar	es •	• plir	sa •	• cer

2. Tres sílabas

ob •	• dap •	• ner	me •	• jo •	• bar
or •	• du •	• ñar	pro •	• pro •	• mar
di •	• te •	• nar	con •	• tes •	• mir
re •	• se •	• cir	pro •	• su •	• tar
a •	• de •	• tar	com •	• gra •	• rar

3. Cuatro sílabas

so •	• per •	• ter •	• se	a •	• di •	• ti •	• nar
de •	• me •	• rro •	• llar	en •	• ten •	• gar •	• se
des •	• sa •	• fa •	• se	in •	• pa •	• v •	• gar
re •	• co •	• tar •	• cer	ex •	• car •	• der •	• se
sa •	• tis •	• no •	• cer	em •	• ves •	• que •	• tar

2 Escriba seis frases en su cuaderno: Elija dos verbos de cada grupo.

4 Un sueño difícil de realizar

Complete el texto con los verbos.

adaptar	desarrollar	diseñar	
extenderse	fundar	estudiar	lograr
~~protestar~~	obtener	satisfacer	

1. Mis colegas están cansados de protestar.
2. Dicen que van a ______ una empresa propia.
3. En primer lugar deben ______ más información, ______ el mercado.
4. Quieren ______ un producto inteligente, ______ algo realmente nuevo.
5. Piensan ______ el producto a las exigencias del mercado.
6. Van a ______ las necesidades del consumidor.
7. Tienen buenas ideas, pero no sé si van a ______ su objetivo.
8. Ellos ya sueñan con ______ por toda Europa.

GRAMÁTICA

5 El gerundio

1 ¿Cómo se forma?

Verbos del grupo -ar, terminación ______, verbos del grupo -er e -ir, terminación ______.

2 Verbos auxiliares más frecuentes:

seguir	estar	llevar	ir

Etwas geschieht gerade. ______

Etwas spielt sich allmählich ab. ______

Eine Handlung setzt sich fort. ______

Eine Handlung dauert an. ______

6 En un restaurante

1 ¿Qué están haciendo? Haga frases en su cuaderno.

1. Manuel	pagar la cuenta
2. Miriam y Rodrigo	esperar la comida
3. Yo	tomar un aperitivo
4. Nosotros	comer unas tapas
5. Vosotros	conversar
6. Tú	escribir un mensaje
7. Josefina	leer el periódico
8. El camarero	traer las bebidas
9. Un niño pequeño	dormir en el coche
10. La Sra. González	pedir la carta
11. El ingeniero	decir algo importante
12. Unos señores	salir del restaurante

2 Utilice el pronombre, si es posible. Póngalo delante y detrás del verbo.

Ejemplo: Manuel está pagando la cuenta. La está pagando. Está pagándola.

7 ¿Nos vamos ya?

Complete el diálogo con los verbos que faltan.

estar	llevar	ir	seguir

A Pero, Luisa, ¿qué ______ haciendo?

B ______ esperando una llamada. Ya ______ dos horas esperando.

A Bueno, pero ¿por qué no ______ preparando las maletas mientras esperas?

B Tienes razón. Tú puedes ______ preparando el café mientras tanto.

A Vale. ¿______ tomándolo sin azúcar?

B Sí, ya ______ tres semanas haciendo dieta.

A Dime, ¿______ estudiando?

B Sí, pero el curso ya ______ terminando.

A ¡Qué lástima! Mi amiga ya no va a llamar hoy. Tengo que llamarla mañana.

B Claro. Mañana seguro que la encuentras. Bueno, ¿ vamos ______ saliendo?

A Un momento. Todavía me ______ arreglando.

B Vale. Yo ya ______ llamando el ascensor. Por el camino ______ hablando.

8 En una oficina

Traduzca los diálogos. Utilice el gerundio si es necesario.

1. Und die Rechungen? – Ich suche sie gerade, aber ich finde sie nicht.
2. Ich warte darauf. – Brauchen Sie sie sofort?
3. Ja. Und der Brief? Ich muss ihn unterschreiben. – Ich schreibe ihn gerade.
4. Und die Bestellung? Ich brauche sie schnell. – Ich kontrolliere sie gerade. Es gibt einen Irrtum.
5. Und die Schüssel? Ich habe sie nicht. Wo sind sie? – Pedro sucht sie gerade, aber sie sind nicht da.
6. Und die Kataloge? Wir müssen sie abschicken. – Ich bereite sie gerade vor. Ich bringe sie gleich.

9 ¿"Sino" oder "si no"?

Complete las frases.

1. Hoy en día hacer publicidad es muy importante, ____________, no se vende nada
2. No se trata ya de vender productos, ____________ de vender una marca.
3. El objetivo de Mike, por ejemplo, no es vender artículos de deporte, ____________ mejorar la vida de la gente: ____________ compras artículos Mike, no puedes ser feliz.
4. IVM dice que no vende ordenadores, ____________ soluciones.
5. ____________ quieres problemas, cómprate la solución IVM.

COMUNICACIÓN

10 Busque los recursos

Complete la fraseología.

¡Tanto tiempo!	____________
Me alegro de hablar con usted.	____________
Tiene razón.	____________
Vale.	____________
____________	Um auf das Thema zurückzukommen ...
____________	Um ein anderes Thema anzuschneiden, ...
____________	Genau genommen ...

1 Describa lo que está haciendo cada uno/-a.

don Rogelio	el señor Navarro	Carmen y Ana María	Pablo	Isabel y Belén	Marcela
Alicia	Felipe	Lito	Antonio	Javier	Susana y su marido	Manuela

beber de un porrón	saludar a los invitados	bajar del coche
discutir con entusiasmo	llevar gafas de sol	bailar con una chica muy guapa
comer unos sándwiches	leer un periódico	preparar la ensalada
asar la carne[1]	jugar al fútbol	aburrirse

1 asar braten

2 Usted también está en la fiesta. Haga pequeños diálogos.

Manuela está preparando la ensalada.

Ejemplos:

A ¿Dónde está Felipe? No lo veo.
B ¿No lo ves? Está allí, bebiendo del porrón.

C ¿Quién es la chica que está preparando la ensalada?
D ¿No la conoces? Es Manuela, una amiga de Lito.
C ¡Qué maja que es! ¿Y qué están haciendo ...?

LECTURA Y REDACCIÓN

12 Con la fiambrera en la cartera

1 Lea el texto y ponga el número del tema donde corresponda a cada párrafo.

1 calidad de vida | 2 salud | 3 tiempo | 4 introducción | 5 dinero

"ANTES, LOS HORARIOS LABORALES DEPENDÍAN DE LAS COMIDAS. HOY EN DÍA HAY QUE ADAPTAR LAS COMIDAS AL HORARIO LABORAL."

☐ Los españoles realizan una media de 80 comidas al año fuera casa. Comer fuera de casa es un fenómeno cada vez más extendido. A fines de los años 50 y principios de los 60, la distancia hasta el trabajo se va agrandando y la gente comienza a llevarse la fiambrera[1] para comer al mediodía. En los 70 la mayoría va al restaurante con los colegas. Ahora, muchos están cansados ya del restaurante y vuelven a la fiambrera.

☐ Aunque la oferta en bares, restaurantes y establecimientos de comida rápida (*fast food*) es cada vez más variada, sigue siendo más barato llevarse el bocadillo o el plato hecho en casa, de modo que el fenómeno de la fiambrera viene determinado en primer lugar por razones económicas. Pero varios son los factores que favorecen esta nueva moda.

☐ Muchos trabajadores o estudiantes no pueden ir a comer a casa. Otros no quieren "perder más de una hora comiendo o esperando la comida en el restaurante". Prefieren comer en la oficina. De cualquier modo, hoy en día en casi todas las oficinas hay microondas. Sobre todo las mujeres prefieren llevarse algo para comer rápido. De este modo les queda tiempo para hacer las compras, ir a un gimnasio o tomar parte en un curso de formación.

☐ La fiambrera permite, además, comer al aire libre, lo que para muchas personas es una experiencia gratificante: la terraza de la empresa, un patio trasero o el parque cercano. Por otra parte, es una cuestión de gustos y preferencias.

☐ Cada vez son más las personas que quieren "comida sana" y consideran que en el restaurante es difícil satisfacer esta necesidad y más aún en los establecimientos de "comida basura". Según las encuestas, un 19 % de la población ha seguido una dieta en el último año.

Fuente: La Vanguardia, 12.9.2004, texto adaptado

1 fiambrera Frischhaltebox, Frühstücksbox

2 Marque la respuesta correcta.

1. Llevarse la comida al trabajo ...
   - ☐ ya no está de moda.
   - ☐ está de moda otra vez.
   - ☐ es la última novedad.
2. Se llevan la comida para ...
   - ☐ ahorrar trabajo.
   - ☐ ahorrar tiempo.
   - ☐ ahorrar dinero.
3. La fiambrera permite ...
   - ☐ comer fast food.
   - ☐ comer en el gimnasio.
   - ☐ comer donde se prefiere.

3 Resuma el texto. Escriba un informe sobre los factores a favor de la fiambrera.

Un nuevo compañero de trabajo

Carlos va a ser su nuevo compañero. Escríbale una carta y explíquele como es el ritmo de trabajo en su empresa. Cuéntele qué hace usted al mediodía y cuándo come algo caliente.
Explique ...

... cuándo come. ... qué come. ... dónde come. ... con quién come.

Mail Archivo Edición Listado Buzón Mensaje Formato Ventana Ayuda

Mensaje nuevo

Enviar Dirección Adjuntar Tipo de letra Borrador Imprimir

Para:

Cc:

Asunto:

Cuenta:

Querido Carlos:

De antemano bienvenido a ______________________________

Hoy quiero explicarte un poco cómo es todo aquí en nuestra ______________________________

Pues mira, nosotros empezamos la jornada a las ______________________________

Si tienes cualquier pregunta, escríbeme o llámame, así practico español.

Un abrazo de tu colega ...

Panel profesional

Ordenar la conversación

Pensándolo bien ...
Cambiando de tema ...
Le sigo explicando.
Volviendo al tema ...
Calculando en base a ...
Pasando a otro asunto ...
Probar no cuesta nada.
Eso se sobreentiende.

Hablar de calidad

Para nosotros la calidad es fundamental.
Nuestra empresa ofrece calidad certificada.
Queremos obtener el Premio Europeo a la Calidad.
Para eso hay que someterse al control externo de una empresa independiente.
La empresa encargada ha mandado dos auditores.
Los auditores lo controlan todo.
Llevan cinco horas investigando.
Van pasando por los distintos departamentos.
Siguen mirando lo que está haciendo cada empleado.

Van tomando nota de lo que van viendo.

Ein Gespräch strukturieren

Wenn ich es mir recht überlege ...
Jetzt zu einem anderen Thema ...
Ich fahre mit der Erklärung fort.
Um auf unser Thema zurückzukommen ...
Wenn man ... als Berechnungsgrundlage nimmt ...
Damit kommen wir zu einem anderen Aspekt ...
Probieren kostet nichts.
Das versteht sich von selbst.

Über Qualität sprechen

Qualität ist für uns sehr wichtig.
Unser Unternehmen verfügt über ein Qualitätszertifikat.
Wir wollen den Europäischen Preis für Qualität erhalten.
Daher müssen wir uns einer Qualitätskontrolle durch eine unabhängige Einrichtung unterziehen.
Die Firma hat zwei Unternehmensprüfer geschickt.
Die Unternehmensprüfer kontrollieren alles.
Sie sind schon seit fünf Stunden damit beschäftigt.
Sie gehen durch alle Abteilungen.
Sie sind noch dabei zu beobachten, was die einzelnen Mitarbeiter gerade tun.
Sie machen sich laufend Notizen zu allem, was sie sehen.

Lección 6 ¡Sin financiación, imposible!

VOCABULARIO Y FRASEOLOGÍA

1 Hablando de dinero

Complete con la palabra que falta.

1. Cada mes se paga una ____________________.
2. Para conseguir un crédito hay que reunir muchos ____________________.
3. El banco paga en efectivo____________________.
4. La ____________________ es dentro de tres años.
5. Los ____________________ son del 5 %.
6. Yo tengo dos ____________________, una de crédito y otra de débito.
7. Si no dan el crédito ahora, el año que viene habrá otra ____________________.
8. Pero mucho mejor que un crédito es una ____________________.

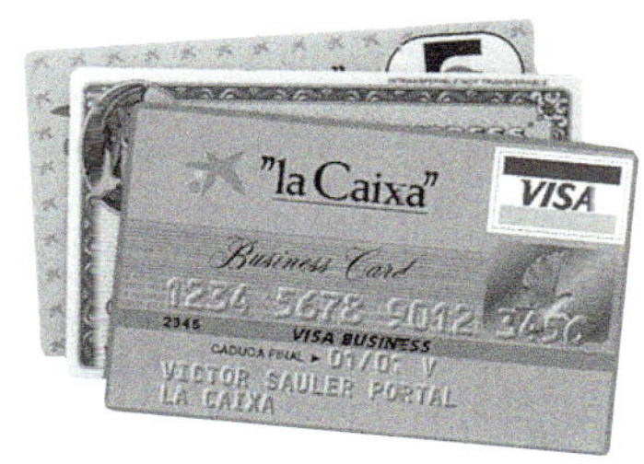

2 Conceptos compuestos

Se buscan palabras compuestas. Una las palabras con *de*.

la solicitud 1	a vida	la tarjeta 4	d trabajo
el nivel 2	b práctica	la capacidad 5	e débito
el periodo 3	c crédito	el puesto 6	f conceder

3 Sinónimos y antónimos

Relacione los verbos. Ponga = ó ≠ según el caso.

1. solicitar	_____	pedir	3. pedir	_____	dar	5. amortizar	_____	pagar
2. aceptar	_____	rechazar	4. dar	_____	conceder	6. solicitar	_____	conceder

4 Fraseología

Complete con la preposición que falta.

a	en	de	con

		estar _____ vuelta
poner _____ marcha	invertir _____ un proyecto	contar _____ una ayuda
atender _____ un cliente	amortizar _____ cuotas	consistir _____ tres partes

5 "De la mano"

Traduzca las expresiones.

1. ein Formular ausfüllen ______ un ______
2. Informationen austauschen ______ ______
3. die Voraussetzungen erfüllen reunir los ______
4. einen Kredit gewähren ______ un ______
5. ein Projekt finanzieren ______ un ______
6. eine Subvention beantragen ______ una ______

6 "Pequeñas" palabras

1 Relacione.

desde hace tiempo 1	a so früh wie möglich	gracias a 6	f was das betrifft
cuanto antes 2	b darum	en cuanto a 7	g dank ...
por ahora 3	c seit langem	mientras que 8	h während
en ese caso 4	d erstmal	y eso que 9	i selbstverständlich
por eso 5	e in diesem Fall	desde luego 10	j und das obwohl

2 Traduzca el diálogo. Utilice las expresiones de arriba.

A Dank Ihrer Hilfe habe ich wieder Arbeit, während meine Schwester immer noch sucht.
B Was Ihre Schwester angeht, da kann ich nichts tun. Sie muss doch noch das Studium beenden.
A Sie hat keine Lust mehr, und das obwohl sie schon fast fertig ist.
B Darum müssen Sie mit ihr sprechen.
A Ich versuche es schon seit langem.

GRAMÁTICA

7 Verbos con variaciones vocálicas

1 Ordene los verbos según los grupos.

almorzar cerrar costar decir elegir empezar encontrar llover
pedir pensar poder preferir probar querer repetir seguir
tener venir volver

e → ie	e → i	o → ue

2 Complete los textos con los verbos de la página 42.

1. A ¿________ hablar con el Sr. Gómez, por favor?

   B En este momento no está, pero ________ esta tarde. ¿________ dejar un mensaje?

   A ¿Le podría decir que ya he ________ el modelo de coche?

   B Sí, por supuesto, ¿me ________ su nombre, por favor?

2. En España muchas tiendas ________ haciendo una pausa de dos o tres horas al mediodía. Las vendedoras ________ en los bares y restaurantes de la zona. Las fábricas, sin embargo, ________ hacer jornada intensiva. Los obreros ________ a trabajar muy temprano por la mañana.

   En verano, muchas empresas ________ todo el mes de agosto.

8 El futuro simple

1 Conjugue los verbos regulares.

estar	estaré	________	________	________	estaréis	________
atender	________	atenderás	________	atenderemos	________	________
invertir	________	________	invertirá	________	________	invertirán

2 Complete las formas de los verbos irregulares.

infinitivo	yo	tú	él/ella/usted
hacer	haré	harás	hará
haber	habré	habrás	habrá
poner	pondré	pondrás	pondrá
poder	podré	podrás	podrá
ir	iré	irás	irá
decir	diré	dirás	diré
salir	saldré	saldrás	saldrá
saber	sabré	sabrás	sabrá
vender	vendré	vendrás	vendrá
tener	tendré	tendrás	tendrá

9 El gran deporte nacional

1 **Ponga las siguientes frases en futuro simple.**

1. ¿Cuándo es el partido? ______
2. Podemos conseguir entradas. ______
3. Hay alguna posibilidad. ______
4. Los equipos llegan el martes. ______
5. Nosotros vamos el jueves. ______
6. ¿Viajáis todos juntos? ______
7. Tenemos que alquilar un autobús. ______
8. ¿Quién gana? ______

2 **Ponga las siguientes frases en futuro compuesto.**

1. Va mucha gente. ______
2. No quedan entradas. ______
3. Nuestro equipo es el mejor. ______
4. Hacen una gran fiesta. ______

10 En una fiesta

Complete el diálogo con los siguientes verbos en futuro simple o compuesto, según corresponda.

estar (2x)	haberse olvidado
haber conocido	haber venido
haber tenido	haber dicho
venir	haber querido

A Qué raro, ¿dónde ______ Nuria?

B Tienes razón, ¿por qué no ______?

A ¿No ______ enferma?

B ¿______ de que hoy es la fiesta?

A No ______ tiempo. ¡Ya sabes que le encantan las fiestas!

B Mira, allí está. ¡Nuria con novio! ¡No puedo creerlo! ¿Dónde se ______?

A No sé. ¡Qué alto que es! ¿De dónde ______?

B ¿Por qué Nuria nunca nos ______ nada?

A ______ darnos una sorpresa.

COMUNICACIÓN

11 Requisitos y condiciones

¿Quién hace las siguientes preguntas? Marque con una cruz.

	empleado del banco	cliente
1. ¿Para qué necesitan el crédito?	☐	☐
2. ¿Ya tienen un proyecto concreto?	☐	☐
3. ¿De cuánto son los intereses?	☐	☐
4. ¿Cómo lo quieren? ¿A corto o a largo plazo?	☐	☐
5. ¿Es necesario hacer una hipoteca?	☐	☐
6. ¿Cuánto pueden pagar por mes?	☐	☐
7. ¿Cuenta con las garantías necesarias?	☐	☐
8. ¿Cuándo me pueden dar una respuesta definitiva?	☐	☐

12 Fraseología

Complete el diálogo.

A ¿Así que quieren poner en marcha el proyecto? ______________________

B ______________________ Ja, so schnell wie möglich.

A ______________________ Worin besteht das Projekt?

B Queremos construir otra nave. ______________________

A ______________________ In diesem Fall brauchen Sie einen Kredit.

B Es verdad, sin dinero no vamos a poder hacer nada. ______________________

A ______________________ Sie werden sicherlich schon an alles gedacht haben, oder?

B Claro. Todo depende de la financiación. ______________________

13 Una carta al banco

Usted tiene un proyecto y quiere ponerlo en marcha. Escriba en su cuaderno una carta o un e-mail a su banco solicitando un crédito. Explique quién es usted y para qué lo necesita.

construir un garaje	comprar un coche / un camión	hacer un curso de inglés comercial en Boston
montar una fábrica	abrir una tienda/sucursal	modernizar la oficina / comprar ordenadores

Presente el proyecto.
Explique por qué es importante el proyecto.
Solicite información sobre posible financiación.
Infórmese sobre los requisitos para obtener créditos/subvenciones.
Salude y agradezca de antemano la información.

LECTURA Y REDACCIÓN

14 El banco Triodos

Lea la información y explique.

¿De qué tipo de banco se trata?
¿Cuál es la diferencia respecto a otros bancos?
¿Cuáles son sus objetivos?
¿Cómo se puede obtener más información?

Triodos® Bank

Un banco que combina rentabilidad y valores en su gestión y política de inversión

A la rentabilidad, seguridad y disponibilidad características del banco, se une el beneficio social de contribuir a la construcción de una sociedad más humana y respetuosa con el Planeta. Porque Triodos Bank invierte en empresas e iniciativas con claros objetivos sociales, medioambientales y culturales.

Referente de la banca ética europea
Si desea más información o contratar alguno de nuestros servicios:
www.triodos.es

15 "Los bancos éticos – ¿Una solución?"

Escriba un artículo para una revista económica.
Infórmese: en Internet, en la biblioteca ...
Explique: ¿Cómo y dónde funcionan los bancos éticos y qué función cumplen?
Opine: ¿Piensa usted que logran el objetivo que se han propuesto?

Puede utilizar:

los bancos éticos	resolver realmente
las causas del subdesarrollo	sólo las consecuencias
ayudar a unos pocos	sólo los más pobres, el resto no
mejorar las condiciones de vida	mayor bienestar para todos
mejor sistema de salud	más cultura

Los bancos éticos – ¿una solución?

En el mundo ya existen ... bancos éticos, sobre todo en ...

Son ...

Panel profesional

El crédito

La capacidad de producción está agotada.
Nuestro libro de pedidos está que explota y eso que estamos trabajando en tres turnos.
No podemos atender los pedidos.
Hace tiempo que tenemos un proyecto que queremos poner en marcha cuanto antes.
¿En qué consiste el proyecto?
Queremos construir otra nave.
Y claro, tendremos que comprar máquinas.
Sin financiación, no podremos hacer nada.
¿Qué tanto por ciento pueden financiar ustedes mismos?
Ese es nuestro problema. Tenemos todo el capital invertido.
Sin autofinanciación va a ser un poco difícil.
¿Habrá alguna posibilidad?
Posibilidades hay siempre.
En ese caso podrán contar con una subvención.
Tiene que rellenar el formulario.
Recibirá un informe detallado.
¡Perfecto! ¿Y cuándo será eso?
Lo antes posible.

Los detalles

¿De cuánto son los intereses en este momento?
Depende del tipo de crédito y de la forma de devolución.

A largo plazo lo más favorable es una hipoteca.
¿Pueden pagar una cuota de ... por mes?
Necesitamos la garantía de tres personas acreditadas.

En cuanto al informe, ya lo tenemos.
Las garantías, las tendrá aquí dentro de una semana.
Entonces, por ahora, no podemos hacer nada.
Supongo que le habrán dado el crédito.
En principio, sí. Dentro de tres días sabremos algo concreto.

Der Kredit

Unsere Produktionskapazitäten sind ausgeschöpft.
Unser Auftragsbuch platzt bald, und dabei arbeiten wir schon in drei Schichten.
Wir können die Aufträge nicht erfüllen.
Wir haben schon seit einiger Zeit ein Projekt, das wir so bald wie möglich verwirklichen wollen.
Worin beseht das Prokekt?
Wir möchten eine zweite Fertigungshalle errichten.
Und dann müssen wir natürlich Maschinen kaufen.
Ohne Finanzierung können wir gar nichts tun.
Wie viel Prozent können Sie selbst finanzieren?
Genau das ist unser Problem: Wir haben unser gesamtes Kapital investiert.
Ohne Eigenbeteiligung wird es etwas schwierig werden.
Sehen Sie eine Möglichkeit?
Möglichkeiten gibt es immer
In diesem Fall könnten Sie mit einer Subvention rechnen.
Sie müssen dieses Formular ausfüllen.
Sie werden einen ausführlichen Bericht erhalten.
Hervorragend! Wann wird das sein?
So bald wie möglich.

Die Einzelheiten

Wie hoch sind die Zinsen zur Zeit?
Das hängt von der Art des Kredits und der Rückzahlung ab.
Auf lange Sicht ist eine Hypothek am vorteilhaftesten.
Können Sie eine monatliche Rate in Höhe von ... zahlen?
Wir benötigen drei renommierte Geschäftsleute als Bürgen.
Was die Beschreibung angeht, die haben wir schon.
Die Bürgschaften liegen Ihnen in einer Woche vor.
Dann können wir vorerst nichts unternehmen.
Ich nehme an, man hat Ihnen den Kredit bewilligt?
Im Prinzip schon. In drei Tagen wissen wir mehr.

VOCABULARIO Y FRASEOLOGÍA

1 ¿Qué asocia usted con ...?

1 Tache lo que no corresponda.

1. imagen – lanzamiento – posicionamiento – sentimiento
2. spot – valla – lenguado – campaña – eslógan
3. aperitivo – sugestivo – atractivo – informativo
4. mailing – sponsoring – cibermarketing – lifting

2 Póngale a cada grupo de palabras uno de estos títulos.

☐ eslógan	☐ marketing
☐ productos	☐ publicidad

2 Sinónimos

Busque los verbos con significado parecido.

anunciar	1	a	motivar
consultar	2	b	comunicar
suministrar	3	c	informar
patrocinar	4	d	necesitar
asesorar	5	e	ayudar
persuadir	6	f	dar
transmitir	7	g	preguntar
requerir	8	h	apoyar

3 Marketing

1 Relacione.

el grupo	publicitaria	______________
el mercado	meta	______________
la campaña	saturado	______________
el lanzamiento	el mercado	______________
el plan	el producto	______________
el posicionamiento en	el marketing	______________

2 Explique ahora con sus palabras lo que significan los conceptos.

Ejemplo: El grupo meta son los consumidores a quienes se dirige una campaña publicitaria.

4 Una persona de película

Complete la descripción con los adjetivos.

elegante	atractiv___
sugestiv___	joven
~~dulce~~	romántic___
exquisit___	espectacular___

1. Es una persona muy dulce ____________.
2. Parece muy ____________.
3. Su lenguaje es ____________.
4. Sus ojos son ____________.
5. Tiene un gusto ____________,
6. un cuerpo ____________
7. y lleva ropa ____________.

5 Grandes amigos: verbos y sustantivos

Complete.

verbo	sustantivo	verbo	sustantivo
____________	la consultoría	____________	la competencia
diferenciarse	la ____________	elegir	la ____________
____________	la molestia	____________	el deseo
imaginarse	la ____________	anunciar	el ____________

6 El menú del día

1 Tache las comidas que no se pueden pedir en un restaurante.

ENTRADAS

ensalada mixta
ensalada asada
croquetas de arroz
gazpacho relleno
sopa de adrenalina

CARNES

lomo a la plancha
chuleta de gambas
cerdo romántico
solomillo al ajillo
cordero de ternera

PESCADOS Y MARISCOS

salmón al sol
paella energética
merluza a la romana
lenguado al horno
fresas al ajillo

POSTRES

flan con salsa chocante
fresas con nata
helado saturado
tarta de manzana
gato de chocolate

2 Ahora use su fantasía. Prepare un fantástico menú del día.

entrada: ____________________ segundo: ____________________

primero: ____________________ postre: ____________________

GRAMÁTICA

7 El condicional simple

1 Conjugue los verbos regulares.

estar	estaría				estaríais	
ser		serías		seríamos		
escribir			escribiría			escribirían

2 Complete las tres personas del singular de los siguientes verbos.

			vendría
tener			
poner			pondría
	podría		
	haría		
haber		habrías	
	saldría		
saber		sabrías	
ir			
	diría		

8 ¿Qué nos recomendarían?

Traduzca las siguientes frases. Utilice el condicional simple.

1. Ich würde gerne das Problem mit Ihnen besprechen.
2. Ich würde dir gerne helfen.
3. Wir müssten uns mal treffen.
4. Ich denke, ihr solltet mehr Werbung machen.
5. Sie sollten ein neues Produkt einführen.
6. Man müsste es gut überlegen.
7. Was würdest du tun?
8. Könnten Sie in mein Büro kommen?
9. Es müsste irgendeine Möglichkeit geben, oder?
10. Würdet ihr mit dem Auto kommen?
11. Könnten wir zusammen essen?
12. Wäre es euch um zwei Uhr recht?

9 Lolo es un poco raro.

Diga lo que haría usted en lugar de Lolo.

Ejemplo: Lolo todavía vive con los padres.
→ Yo viviría solo o con otros chicos jóvenes o con mi novio/-a ...

1. Lolo no hace nada.

____

2. Ni estudia ni trabaja.

____

3. Por la noche toca la guitarra. ______________________________
4. Después duerme todo el día. ______________________________
5. A veces ni se levanta. ______________________________
6. Tampoco lee el periódico o ve la tele. ______________________________
7. Nunca cocina. ______________________________
8. Los fines de semana sale con sus amigos. ______________________________

10 ¡Qué problema!

Reaccione a las frases como en el ejemplo. Utilice el condicional de un verbo modal + *haber* + participio.

Ejemplo: Los chicos no han estudiado mucho. → Pues, tendrían que haber estudiado más.

1. No hemos reservado mesa. ______________________________
2. Has comprado un coche usado. ______________________________
3. Los clientes todavía no han pagado. ______________________________
4. ¿Todavía no habéis salido de casa? ______________________________
5. Catalina no ha venido ni ha llamado. ______________________________
6. Juan ha bebido demasiado. ______________________________
7. Nadie ha pensado en eso. ______________________________
8. No han salido de vacaciones ni un día. ______________________________
9. El profesor no ha explicado bien el tema. ______________________________
10. Los estudiantes no han hecho los deberes. ______________________________

11 ¿Cuándo?

Complete las frases.

antes	anoche	mañana	antes de venir	el sábado	esta tarde
siempre	otra vez	ahora	ya		

1. Tendrías que haber preguntado ____________________.
2. Sería bonito reunirnos ____________________.
3. Podríamos hacer una excursión ____________________.
4. Deberías haber llamado ____________________.
5. Deberías haberte acostado temprano ____________________.
6. Sería importante estar en contacto ____________________.
7. Yo no volvería a hacer eso ____________________.
8. Ya deberían haber llegado ____________________.
9. Podrían haber llamado ____________________.
10. Podríamos llamarlos al móvil ____________________.

COMUNICACIÓN

12 ¿Qué harían ustedes?

Dentro de un mes tendrá la visita de unos amigos españoles. Usted les escribe un correo electrónico para proponer algunas actividades. Piense en los atractivos de su ciudad o región. Utilice el condicional.

visitar el monumento ...	presentar a ...	ir a ...	llevar a ...	preparar ...	jugar a ...
ver (a) ...	poder ...	conocer (a) ...			

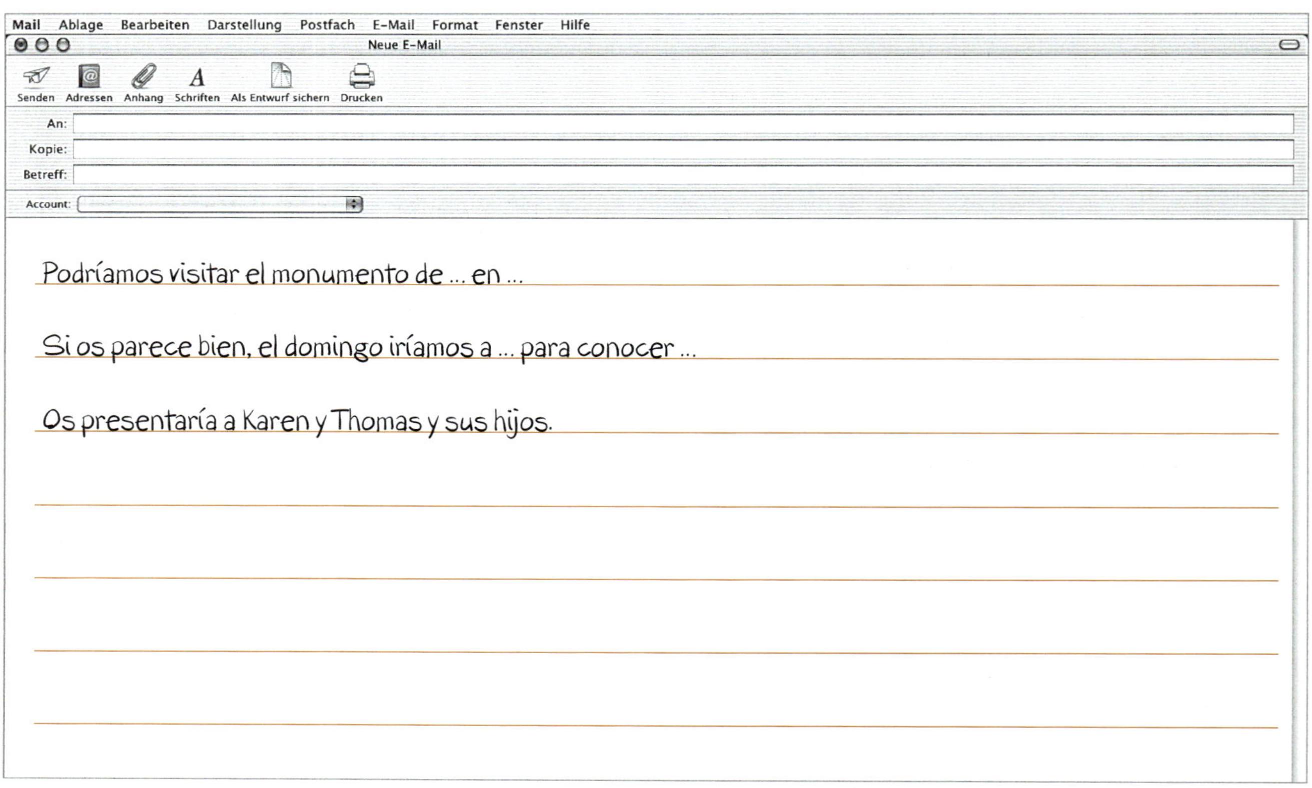

13 En el restaurante

¿Quién dice qué? Marque con una cruz.

	camarero	cliente
1. Les recomiendo los espárragos.	☐	☐
2. ¿Nos trae la carta?	☐	☐
3. ¿Cuántas personas son?	☐	☐
4. Tendrían que haber reservado.	☐	☐
5. Una mesa para tres, por favor.	☐	☐
6. ¿Está bien aquí?	☐	☐
7. Preferiría un vino blanco.	☐	☐
8. ¿Ya han elegido lo que van a comer?	☐	☐

LECTURA Y REDACCIÓN

14 Últimas ideas para seducir por la nariz

1 Lea el siguiente artículo.

¡QUÉ RICO OLOR!

Comienza a explotarse el sentido más olvidado por la publicidad.

Las tiendas aromatizadas, todos las conocemos. Hacen sentirse bien al cliente e invitan a quedarse mirando todo con tranquilidad. A todos nos ha pasado: De pronto salimos con algo que no pensábamos comprar.
La novedad es la propaganda olfativa[1]. Antes de empezar la película en el cine, unas palomitas, un refresco y los anuncios. El primero, de una pizzería. Hasta aquí, normal. Salvo porque, mientras que el cocinero prepara la masa ante la cámara, los espectadores se relamen[2] por el olor a pizza que hay en la sala. El truco: Unos difusores extienden la fragancia[3] cuando aparece el spot.

¿Una nueva locura de los publicitarios? Negativo. Ante la gran saturación de mensajes se hace imprescindible utilizar nuevas técnicas. “Cada día vemos un mínimo de 2.000 marcas y la gran mayoría no pasa al circulo de la conciencia, porque la percepción es selectiva”, asegura Luis Martínez-Ribes, director del departamento de Marketing de Esade. Sin embargo, el recuerdo olfativo permanece durante un periodo de hasta tres años, mientras que el sonoro[4] no dura más de tres meses, según la firma francesa Prolitec, que dispone de un muestrario de más de 700 fragancias para sus clientes. Según un estudio recordamos el 5 % de lo que vemos frente al 35 % de lo que olemos.

Ahora la moda son los lanzamientos aromatizados. El pasado 25 de mayo Nestlé impregnó 680.000 periódicos franceses totalmente con olor a Nescafé. No fue barato: Se gastó 300.000 euros. Además, la empresa suiza acompañó la acción con unas vallas en las estaciones de metro de París. “Deje de oler este cartel, ¡va a perder su tren!”, decían. Causaron sensación: En una semana las olieron cuatro millones de personas. Ni punto de comparación con un anuncio tradicional. Para la técnica todo es posible, incluso los e-mails aromatizados. ¿Ya ha recibido un correo electrónico de su novio con perfume a rosas?

Fuente: Capital, abril 2005, texto adaptado

1 olfativo/-a: que se puede oler
2 relamerse: tener apetito
3 fragancia: olor
4 sonoro/-a: que se puede oír

2 Resuma el artículo en cinco frases.

3 Explique qué es lo que usted mejor recuerda. ¿Qué olores recuerda desde hace mucho tiempo? ¿Con qué los asocia?

Panel profesional

Marketing y publicidad	Marketing und Werbung
¿Así que quieren sacar un nuevo producto?	Sie möchten also ein neues Produkt herausbringen?
De eso precisamente nos gustaría hablar con usted.	Genau darüber würden wir gern mit Ihnen sprechen.
El lanzamiento de un nuevo producto es una gran oportunidad.	Die Einführung eines neuen Produkts ist eine großartige Chance.
Lo que hace la diferencia es la imagen.	Das Image macht den Unterschied.
Evidentemente, el mensaje llega.	Die Botschaft kommt an, soviel steht fest.
Queremos persuadir al público joven.	Wir wollen die Jugendlichen überzeugen.
El grupo meta / público objetivo son ...	Die Zielgruppe / Das Zielpublikum ist ...
Entonces deberían transmitir este mensaje.	Dann müssen Sie diese Botschaft übermitteln.
¿Ya tienen un nombre adecuado?	Haben Sie schon einen passenden Namen?
El nombre debe llamar la atención, despertar interés.	Der Name muss auffallen und Interesse wecken.
Es un buen eslógan.	Das ist ein guter Slogan.
Tendrían que estar presentes en todos los medios.	Sie müssten in allen Medien präsent sein.
Una posibilidad sería patrocinar eventos, hacer sponsoring.	Eine Möglichkeit wäre das Sponsoring von Veranstaltungen.
Allí están las nuevas técnicas, los mensajes, el mailing.	Da gibt es die neuen Techniken, wie die SMS oder das Mailing.
Cada técnica tiene ventajas e inconvenientes.	Jede Technik hat Vor- und Nachteile.
¿Y qué tiene de especial su producto?	Was ist das Besondere an Ihrem Produkt?
¿Cuáles son las características principales?	Welches sind die hervorstechendsten Merkmale?
¿Y en que se diferencian sus productos de los otros?	Worin unterscheiden sich Ihre Produkte von denen anderer Hersteller?
En ese punto no podemos competir.	Da können wir nicht mithalten.

Lección 8 ¿Voy bien por aquí?

VOCABULARIO Y FRASEOLOGÍA

1 ¿Qué es lo que no concuerda?

Tache lo que no concuerda.

1. el cruce – el ayuntamiento – la rotonda – el semáforo
2. la letra de imprenta – el seguro de robo – el DNI – el permiso de conducir
3. el camino – la autopista – el túnel – la matrícula
4. la contaminación – el tráfico – la ventanilla – el vehículo
5. seguir – guiar – cruzar – doblar
6. hacer un desvío – seguir todo recto – dar la vuelta – ir a buscar

2 El documento de ...

Relacione.

el documento 1	a autopista	la letra 5	e coches
el plano 2	b identidad	el palacio 6	f toros
el sistema 3	c ciudad	la plaza 7	g imprenta
la salida 4	d navegación	el alquiler 8	h congresos

3 Grandes amigos: verbos y sustantivos

Complete.

verbo	sustantivo
1. ______	el contacto
2. atender	la ______
3. ______	el conductor
4. navegar	la ______
5. ______	el cruce
6. disminuir	la ______
7. ______	la vuelta
8. describir	la ______
9. entregar	la ______
10. ______	la decisión

4 Lo que más conviene es ...

1 Complete el crucigrama.

1. Es la única solución. No hay ninguna ________________.
2. Autobuses, taxis, bicicletas son ________________.
3. La estación está a la ________________.
4. Hay que analizar las causas y las ________________.
5. El tráfico es malo para el medio ________________.
6. El coche acaba de salir de la fábrica. Todavía no tiene ________________.
7. Tiene que preguntar allí, en la ________________ número cuatro.
8. Ya he pagado, aquí está el ________________.

Lo que más conviene es ________________ un coche.

2 Busque cosas que se puedan alquilar y complete el asociograma.

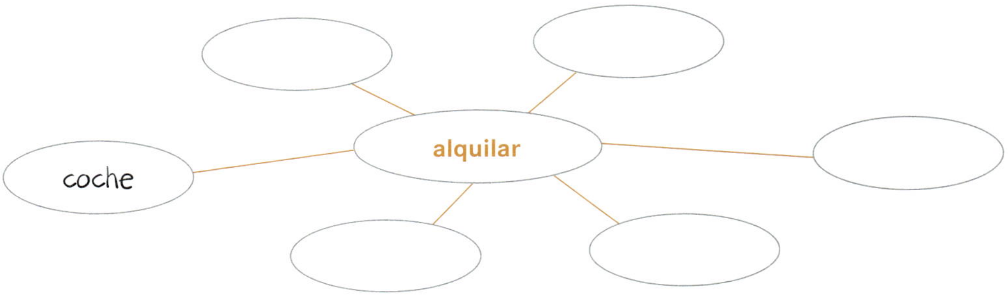

5 Repaso de conectores

1 Relacione.

1.

sin embargo	1	a	sondern
aunque	2	b	trotzdem
sino	3	c	wenn nicht
si no	4	d	andererseits
por otro lado	5	e	da
como	6	f	obwohl

2.

sobre todo	1	a	außerdem
o sea (que)	2	b	um zu / damit
por eso	3	c	und das obwohl
para	4	d	das heißt (dass)
además	5	e	darum
y eso que	6	f	vor allem

2 Tache los conectores que no correspondan.

A Para mí, el trabajo es muy importante: Sino / Si no trabajo, no como.
B ¡Ah! ¡Por eso / ¡Y eso que trabajas tanto!
C ¿O sea que / como que tú trabajas sólo por / para vivir?
A Pues sí, es la verdad. Además / Aunque mi trabajo es interesante.
B Yo también prefiero el tiempo libre, por otro lado / sobre todo en verano.
C Para mí, el trabajo no es trabajo sino / también una forma agradable de pasar el tiempo.
B Bueno, por eso / como tú eres pintora ...
C Pues sí, trabajo diez horas por día y sino / sin embargo nunca estoy cansada.

3 Complete con los conectores.

1. Antonio es muy pobre y __________ está siempre contento.
2. Va al trabajo en bicicleta __________ vive a más de 30 km.
3. Le interesa la política, __________ la política económica.
4. __________ lee mucho, siempre está bien informado.
5. __________ a todos les gusta hablar con él.

sobre todo sin embargo por eso aunque como

6 Fraseología

1 Complete la fraseología.

1. __________ a alguien *jdn. abholen*
2. __________ a alguien *jdn. vorstellen*
3. __________ a alguien *jdn. bedienen*
4. __________ a alguien *jdm. danken*
5. tener __________ *sehr wenig Zeit haben*
6. tener mucha __________ *es eilig haben*
7. tener que __________ *einen Umweg machen müssen*
8. tener que __________ *umkehren müssen*

2 Escriba una frase con cada expresión en su cuaderno.

GRAMÁTICA

7 El imperativo

Complete la tabla.

	tú	usted	vosotros/-as	ustedes
comprar	compra	__________	comprad	__________
vender	__________	venda	__________	__________
escribir	__________	__________	__________	escriban
explicar	explica	__________	explicad	__________
cerrar	__________	cierre	__________	__________
pagar	__________	__________	__________	paguen
volver	__________	vuelva	volved	__________
tener	__________	tenga	__________	__________

8 Sí, claro

Conteste con el imperativo y un pronombre personal.

1. ¿Firmo el contrato? Sí, fírmelo. (usted)
2. ¿Reservo la mesa? Sí, ______ (tú)
3. ¿Leo las cartas? Sí, ______ (usted)
4. ¿Traigo los CDs? Sí, ______ (usted)
5. ¿Pruebo el vino? Sí, ______ (tú)
6. ¿Llamo a los clientes? Sí, ______ (usted)
7. ¿Preparamos la ensalada? Sí, ______ (vosotros)
8. ¿Alquilamos la bici? Sí, ______ (ustedes)

9 ¡Dime!

Dígalo en una sola palabra: imperativo + pronombre personal.

1. Te tienes que duchar. ¡Dúchate! Tienes que ducharte.
2. ¿Me puede llamar? ______ ¿Puede ______?
3. ¿La llamas mañana a Ana? ______ ¿Vas a ______?
4. ¿Por qué no visitáis a Luis? ______ ¿Vais a ______?
5. ¿No se quieren sentar? ______ ¿No quieren ______?
6. Se puede poner cómodo. ______ Puede ______.

10 ¡Dígamelo!

Digalo en una sóla palabra: imperativo + dos pronombres personales.

1. ¿Tienes el número de vuelo? ¿Me lo das? ¡Dámelo!
2. ¡Tómate una aspirina! ______
3. ¡Tráigame los recibos! ______
4. ¡Llevadles los chocolates a los niños! ______
5. Escríbele una postal a tu madre. ______
6. ¡Entregue los documentos a la Sra. Matera! ______
7. ¡Ponte las gafas de sol! ______
8. ¡Déjeles los libros a los estudiantes! ______

COMUNICACIÓN

11 En una oficina pública

Traduzca los pedidos.

1. Warten Sie bitte einen Augenblick.
2. Füllen Sie bitte das Formular aus.
3. Schreiben Sie Ihre Adresse in Druckbuchstaben.
4. Schreiben Sie die Postleitzahl links vom Ortsnamen.
5. Unterschreiben Sie bitte hier unten.
6. Beeilen Sie sich bitte, wir schließen schon.
7. Herr Gutiérrez, stellen Sie mir bitte die Rechnung aus.
8. Rufen Sie uns morgen vormittag an.

12 Explicar el camino

Relacione las frases con los dibujos.

1. Primero tiene que salir de la autopista en la salida 202.
2. Después, cruce el puente sobre el río Darro.
3. Siga hasta la rotonda. Salga en la cuarta salida.
4. En el semáforo, doble a la derecha.
5. Tome la segunda calle a la izquierda después de la estación de trenes.
6. Siga todo recto. Ya verá la fábrica, es un edificio muy grande.

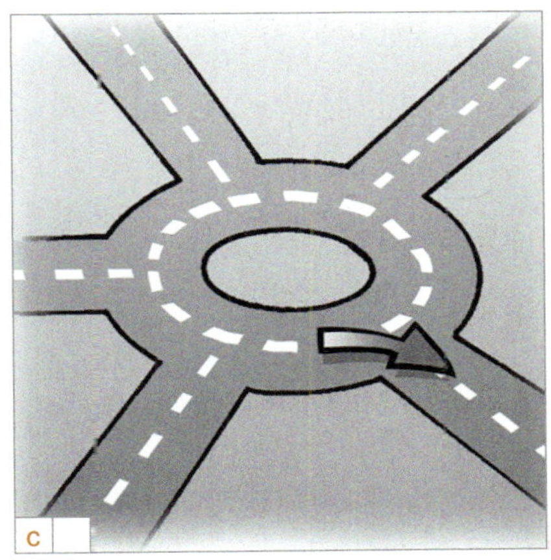

13 ¿Me manda/s un fax?

Elija una de las siguientes situaciones y explique el camino. Escriba en su cuaderno.

- Explique a un/a compañero/-a de trabajo cómo llegar a su casa.
- Explique a un cliente cómo llegar del aeropuerto a la escuela.
- Explique a una amiga sudamericana cómo llegar desde París a un hotel de su ciudad.

14 Recuerdos de viaje

Usted está de vacaciones. Un amigo le envía un SMS, quiere algo típico del lugar. Escriba un correo electrónico.

Bedanken Sie sich für die Nachricht.
Erklären Sie, dass Sie gerade in einem „Cibercafé" sind.
Erzählen Sie wie es Ihnen geht, was Sie machen.
Erkundigen Sie sich nach dem Befinden ihres Freundes.
Erklären Sie sich bereit, das Gewünschte mitzubringen.
Erklären Sie, dass da sehr viele ... gebe.
Fragen Sie, welches Modell in Frage kommt.
Erkundigen Sie sich, wieviel ist ihr Freund bereit sei, auszugeben.
Verabschieden Sie sich herzlich.

LECTURA Y REDACCIÓN

15 Problemas con la correspondencia

1 Lea estos mensajes de correo electrónico y ordénelos del 1 al 5. No es necesario comprender todas las palabras.

Mail Archivo Edición Listado Buzón Mensaje Formato Ventana Ayuda
Mensaje nuevo
Enviar Dirección Adjuntar Tipo de letra Borrador Imprimir
Para:
Cc:
Asunto:

☐ Por supuesto podemos comunicarles los precios por fax. Les mandamos la lista completa. Aprovechamos la oportunidad para invitarles a la Feria de las Golosinas, del 1 al 5 de julio en Madrid. Esperamos sus noticias y les saludamos muy atentamente.

Mail Archivo Edición Listado Buzón Mensaje Formato Ventana Ayuda
Mensaje nuevo
Enviar Dirección Adjuntar Tipo de letra Borrador Imprimir
Para:
Cc:
Asunto:

☐ Queremos agradecerles su fax del 19 del corriente, así como su catálogo que ha llegado esta semana y que hemos mirado con gran interés. Lamentablemente no nos han mandado la lista de precios. ¿Pueden darnos los precios por fax? Nos interesan especialmente todas las chocolatinas.

Mail Archivo Edición Listado Buzón Mensaje Formato Ventana Ayuda
Mensaje nuevo
Enviar Dirección Adjuntar Tipo de letra Borrador Imprimir
Para:
Cc:
Asunto:

☐ Muchas gracias por su carta del 15 de mayo, que acaba de llegar. Nos alegramos mucho de su interés por nuestros productos. Hoy mismo les vamos a mandar nuestro catálogo general por correo. Si les gustan nuestros productos, con mucho gusto podemos darles más informaciones.

Mail Archivo Edición Listado Buzón Mensaje Formato Ventana Ayuda
Mensaje nuevo
Enviar Dirección Adjuntar Tipo de letra Borrador Imprimir
Para:
Cc:
Asunto:

☐ Somos una pequeña empresa de Andalucía y vendemos golosinas en general. Hemos visto un anuncio de su empresa en la revista "Choco-chock" y nos interesamos por sus productos. ¿Pueden mandarnos más informaciones, por favor? Desde ya se lo agradecemos mucho y les saludamos muy atentamente.
p. p. Carlos Acevedo

Mail Archivo Edición Listado Buzón Mensaje Formato Ventana Ayuda
Mensaje nuevo
Enviar Dirección Adjuntar Tipo de letra Borrador Imprimir
Para:
Cc:
Asunto:

☐ Muchas gracias por su invitación. Por supuesto nuestro gerente de compras y yo vamos a ir a Madrid y vamos a aprovechar la oportunidad para saludarles personalmente. Desde ya nos alegramos mucho. Les adjuntamos nuestro primer pedido y les rogamos enviarnos los productos lo antes posible, porque aquí en el verano hay muchos turistas y queremos aprovechar para venderles.

2 ¿Qué le ha ayudado encontrar el orden correcto de los mensajes?

16 Carsharing en su ciudad

Un estudio de mercado.

Exponga su punto de vista: ¿Sería útil en su región o no?
Piense quiénes podrían usarlo y defina el grupo meta.
Prepare una encuesta para averiguar las necesidades de transporte (días, horas, tiempo, desde dónde, hasta dónde, etc.).
Evaluación aproximada: horas punta, días de más tráfico, en qué dirección.
Calcule cuántos coches serían necesarios y decida dónde podrían estar los aparcamientos.
Dato de referencia: Barcelona tiene 1.527.000 habitantes.

Panel profesional

Acordar un punto de encuentro	Einen Treffpunkt ausmachen
Quiero comunicarle que ya tengo la fecha de viaje.	Ich wollte Ihnen mitteilen, dass ich schon meinen Reisetermin habe.
¿Está bien el lunes ...?	Passt Ihnen Montag, der ...?
Es más cómodo viajar en tren.	Mit der Bahn anzureisen ist bequemer.
Lo/La vamos a ir a buscar a la estación.	Wir holen Sie am Bahnhof ab.
No es necesario. Voy a alquilar un coche.	Nicht nötig, ich werde ein Auto mieten.
Tengo el tiempo muy contado.	Ich habe nur sehr wenig Zeit.
Entonces, mejor nos reunimos en ...	Dann ist es am besten, wir treffen uns ...
Describir un camino	**Den Weg beschreiben**
Explíqueme, cómo llegar a ...	Erklären Sie mir, wie man nach/zu ... kommt.
Está bien señalizado.	Es ist gut ausgeschildert.
El hotel está a cinco minutos de ...	Das Hotel ist fünf Minuten von ... entfernt.
Salga hacia la derecha y tome la calle ...	Fahren Sie rechts ab und nehmen Sie die ... Straße.
Un momentito, que estoy anotando.	Einen Augenblick, ich schreibe mit.
Perdone. Mire, es un poco difícil de explicar.	Entschuldigung. Es ist nicht leicht zu erklären.
Mejor le mando un plano de la ciudad.	Ich schicke Ihnen besser einen Stadtplan.
Otra cosa: ¿le reservo un hotel?	Noch etwas: Soll ich Ihnen ein Hotel reservieren?
Si me hace el favor ...	Wenn Sie so nett sein wollen ...
Aquí le mando la descripción del camino.	Hier schicke ich Ihnen die Wegbeschreibung.
Tome la calle de ... hacia la derecha y siga todo recto en dirección a Plaza España.	Biegen Sie nach rechts in die ... Straße und fahren Sie geradeaus in Richtung Plaza España.
Es la tercera salida.	Es ist die dritte Ausfahrt.
Siga hasta el semáforo y doble a la izquierda.	Fahren Sie weiter bis zur Ampel und biegen Sie dann rechts ab.
Enseguida va a ver el hotel. Es un edificio muy alto.	Sie werden das Hotel gleich sehen. Es ist ein sehr hohes Gebäude.
Pregunte por mí o por Marcela.	Fragen Sie nach mir oder nach Marcela.
Para cualquier cosa, escríbame un mensaje.	Schicken Sie mir eine E-Mail / eine SMS, falls es irgendwelche Probleme gibt.

Lección 9 Nuevas instalaciones

VOCABULARIO Y FRASEOLOGÍA

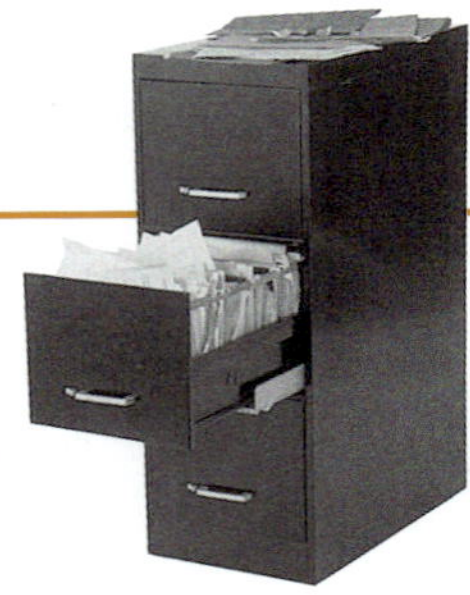

1 ¿Qué puede poner en su oficina?

Tache lo que no corresponda.

1. un escritorio – una estantería – un pasillo – un archivador – una alfombra
2. una lámpara – un sofá – una silla – un sillón – un metro cuadrado

2 ¿Cómo pueden ser?

Combine los adjetivos con los sustantivos adecuados.

Ejemplo: Muebles confortables, regulables ...

cómodo/-a futurista ergonómico/-a regulable modular confortable
decente claro/-a estéril oscuro/-a fuerte frío/-a cálido/-a difuso/-a
indirecto/-a acogedor/a ordenado/-a clásico/-a

los muebles: ______

la luz: ______

los colores: ______

el ambiente: ______

3 ¿Y cómo son?

Relacione cada sustantivo con un adjetivo.

1.

tendencias 1		a cómodas
sillas 2		b modular
plano 3		c actuales
colores 4		d detallado
sistema 5		e cálidos

2.

previsiones 1		a alto
decoración 2		b grande
alquiler 3		c sencilla
persona 4		d retrógrada
cambio 5		e futuras

4 Lo principal es la ...

Complete el crucigrama. Sepa lo que es realmente importante. ¡Y no sólo en la oficina!

1. Me gustan las flores y las ______________.

2. Es un sillón moderno, ______________.

3. Según lo que dicen, el desk sharing es un sistema muy ______________.

4. No es arquitecto, es ______________.

5. Muy buena luz, muy buena ______________.

6. Sí, aquí trabaja el jefe, es su ______________.

7. Tengo dolor de ______________.

Lo que es importante, es la ______________.

5 Preposiciones

Complete las frases con las preposiciones correspondientes.

a		ce		en
	para		por	

A ¿Qué opinas ________ este proyecto? ¿Estás ________ favor o ________ contra?

B No sé qué decirte respecto ________ la iluminación.

A ¿Prefieres muebles ________ madera o ________ metal?

C Necesitamos un enchufe ________ cada ordenador.

A Deja ________ preocuparte ________ los enchufes y ponte ________ trabajar de una vez.

6 ¿Siempre lo mismo?

Traduzca.

______________ genau dort

______________ genau hier

esta misma semana ______________

hoy mismo ______________

______________ sofort

______________ das gleiche Problem

los mismos precios ______________

______________ die gleichen Fragen

GRAMÁTICA

7 ¿Qué te pasa? ¿Te sientes mal?

Conteste a las preguntas utilizando el imperativo negativo.

1. ¿Te traigo un vaso de agua? No, no me traigas nada.
2. ¿Te doy una aspirina? ______________
3. ¿Te buscamos un jersey? ______________
4. ¿Te hago un café? ______________

5. ¿Te ayudamos en algo? ______________________________

6. ¿Pedimos algo para comer? ______________________________

7. ¿Abrimos un poco la puerta? ______________________________

8. ¿Te preparamos la cama? ______________________________

9. ¿Llamamos al médico? ______________________________

10. ¿Ponemos la calefacción? ______________________________

11. ¿Te llamo mañana? ______________________________

12. ¿Se lo decimos a Jorge? ______________________________

8 Consejos del médico

Utilice el imperativo afirmativo o negativo según corresponda. Escriba en su cuaderno.

1. no trabajar tanto
2. dejar de fumar
3. no tomar tanto café
4. hacer más deporte
5. ir a la oficina a pie
6. no usar el ascensor
7. subir por la escalera
8. salir a pasear dos veces por día
9. no ver la televisión por la noche
10. no olvidarse de tomar los medicamentos

¿Qué ha dicho el médico?

Me ha dicho: ¡No trabaje tanto!

9 ¿Me traes un regalo?

Complete los diálogos, antes, durante y después del viaje. Utilice los verbos *llevar* y *traer*.

1. *Mercedes:* Así que mañana te vas a París, ¿me ______________ un regalito?

   Manolo: Sí, por supuesto, y les ______________ algo a los niños también.

2. *Manolo:* Hola, Mercedes. Tengo un problema. No sé qué ______________. ¡Hay tantas cosas bonitas aquí!

   Mercedes: Pues, ______________ un perfume bueno.

   Manolo: Vale. ¿Y a los niños, qué les puedo ______________?

   Mercedes: ______________ cualquier cosita, algo pequeño.

   Manolo: ¿Les ______________ chocolate?

   Mercedes: Bueno, pero ______________ algo para jugar también.

3. *Jorge:* ¡Hola, papá! ¿Qué tal en París? ¿Nos has ______________ algo?

   Manolo: Sí, esto es para ti. Y para ti, Luisa, he ______________ esto.

   Jorge y Luisa: ¡Muchas gracias!

10 Perífrasis

Complete las frases.

ponerse a	dejar de	acabar de	soler	volver a	pensar	empezar a

Juan Carlos suele ______ hacer muchas bromas en la oficina. Los colegas le dicen:

– Juan Carlos, ¡______ reírte ya y ______ trabajar!

– Si ______ hacerte el tonto, me enfado de verdad.

– ______ llamar el señor González. Quiere tu informe para mañana.

– ¿Por qué no ______ escribirlo ahora? Pero yo no ______ ayudarte como la última vez.

11 Cuando se comparte escritorio ...

Complete las frases con *sí* o *si*, *cuándo* o *cuando*.

A Así funciona: ______ un empleado termina de trabajar, lleva el trolley a su lugar.

B ¿Y qué pasa ______ un empleado tiene una reunión?

A Muy fácil: ______ hay una reunión, cada uno lleva su trolley.

B Suena interesante ... ¿______ puede darme el precio global del proyecto?

A Se lo doy ahora mismo: ______ se incluyen todas las instalaciones, el precio es de 50.000 euros.

______ quiere, le mando los catálogos con las fotos.

B ______, es una buena idea.

COMUNICACIÓN

12 ¿Dónde está usted?

Marque con una cruz dónde puede escuchar estas frases.

	en un banco	en una tienda	en un restaurante
1. ¿La atienden ya?	☐	☐	☐
2. ¿Qué me recomienda?	☐	☐	☐
3. Tiene que rellenar el formulario.	☐	☐	☐
4. ¿En qué puedo servirle?	☐	☐	☐
5. ¿Y de segundo?	☐	☐	☐
6. Eso es todo. Firme aquí abajo, por favor.	☐	☐	☐
7. ¿En qué había pensado usted?	☐	☐	☐
8. Vale la pena. El precio es muy favorable.	☐	☐	☐
9. Depende del plazo.	☐	☐	☐

13 Fraseología

Traduzca las siguientes expresiones usuales.

1. ¡Déjate de bromas! ____________________
2. ¡No vuelvas a decir eso! ____________________
3. ¡No pienses mal de mí! ____________________
4. ¡No te pongas así! ____________________
5. ____________________ Vergiss nicht, mich anzurufen!
6. ____________________ Sag bloß nicht, dass das stimmt!
7. ____________________ Ich muss dir was sagen, geh noch nicht weg!
8. ____________________ Mach dir keine Sorgen. Es wird alles gut gehen. (salir bien)

14 Cuestión de estilo

Traduzca.

1. Usted hace un período de prácticas en España. Lo más difícil es contestar al teléfono en español.

A Weinkellerei Toro Viejo GmbH – guten Morgen! ____________________

B Buenos días señorita. ¿Puedo hablar con el Sr. Santos Pérez, por favor?

A Herr Pérez ist im Moment nicht da, aber er kommt gleich wieder. Möchten Sie eine Nachricht hinterlassen?

____

B No, gracias. Mejor vuelvo a llamar más tarde.

A Einverstanden, bis später dann. Vielen Dank für Ihren Anruf. ____________________

2. En un momento libre, llama a Carlos, un chico que ha conocido el sábado en la discoteca.

A Hallo, Carlos, bist du es? ____________________

B Sí, claro, ¿qué tal?

A Gut, und dir? Was macht die Arbeit? ____________________

B Como siempre. ¿Te apetece ir al cine esta tarde?

A Nein, heute nachmittag muss ich arbeiten. Wenn du möchtest, gehen wir morgen.

____

LECTURA Y REDACCIÓN

15 Colores influyentes

¡Pon más color en tu vida!

"Los colores son los primeros que invitan a entrar en un local", afirma Daniela Capdevila, directora general de Imagométrica, una empresa de marketing que lleva dos años haciendo estudios sobre fidelización de clientes: "Una buena combinación cromática[1] puede incrementar las ventas hasta el 23 %". Lo que sugieren los colores es lo que recuerda el cliente. Por ello, la decoración debe crear un ambiente psicológico agradable. Así, el cliente se identifica con el negocio y repite su visita. Se estima que una estrategia cromática produce un efecto positivo en el 80 % de las personas. Es que los colores llegan al subconsciente[2] y crean estados de ánimo que impulsan al consumo. Además, si se conocen las necesidades emocionales de los clientes, se tiene el 50 % de la venta garantizada. Pero eso no es todo. El efecto de los colores también mejora el rendimiento de los empleados en una oficina y asegura la calidad de vida en el ámbito privado.

Por eso es importante elegir bien colores. Conocer el significado de los colores y los efectos que producen ayuda a hacerlo. Un buen interiorista también puede aconsejarte. ¡Anímate ya y pon más color en tu vida!

Fuente: Ideas & Negocios, abril 2005, texto adaptado

Color	Significado	Uso	Tipo de cliente
blanco	pureza, sencillez, limpieza	Da máxima luminosidad y transparencia.	refinados
negro	misterio, sobriedad	Da elegancia al ambiente.	elegantes y discretos
azul	Es el color del agua y de los sueños, pero también de la autoridad.	Da sensación de profundidad.	tolerantes y sensibles
verde	naturaleza, salud, vida	Significa luz y alegria.	amantes de la naturaleza
amarillo	luz, alegría, extroversión	Representa el oro y el sol.	amantes del calor y de la buena comida
rojo	fuerza, amor, fuego	Da sensación de intensidad.	extrovertidos y dinamicos
naranja	informalidad, progreso, generosidad	Es el color de moda.	joviales, alegres
rosa	dulzura, femineidad	En tonos suaves, sugiere un ambiente tranquilo.	sensibles, educados
marrón	masculinidad, clasicismo, confort	Se asocia a la tierra, al otoño.	ordenados, tradicionales
violeta	sabiduría, misticismo, perfume, lujo	Es el color más erótico.	sofisticados, vanidosos

Fuente: El color en el interiorismo, Melanie y John Aves. Barcelona, Ed. Blume, texto adaptado

1 cromático/-a: de colores
2 subconsciente: Unterbewusstsein

1 Explique.

1. Los colores, ¿influyen en todas las personas?
2. ¿En qué ambitos son importantes los colores?
3. ¿Por qué son importantes en una tienda?
4. ¿Qué se debe tener en cuenta al elegirlos?

2 Elija los colores más adecuados para los siguientes locales.

una farmacia	una tienda de moda joven
una joyería fina	la sala de espera del dentista
una perfumería	un restaurante
una guardería	una biblioteca

16 Se alquilan pisos

Usted y su pareja buscan un piso. Ya han visitado tres. Decida con cuál prefiere quedarse y comuníqueselo por e-mail a su pareja. Explique por qué prefiere el piso elegido. Escriba en su cuaderno.

Piso A: barato, mucho espacio, mucha madera, muebles clásicos, ambiente un poco oscuro

Piso B: central, cerca del metro, muy pequeñito, muebles funcionales de metal, 4° piso sin ascensor

Piso C: lejos, vista bonita, con bastante espacio, muebles feos, precio razonable, bastante acogedor

OBRA NUEVA. DESPACHO-OFICINA. 2 Estancias + estudio 38 m² aprox., bñ. EXCELENTE UBICACIÓN. **336.567** € T 93 458 61 00

50729 **COMTESSA PARDO BAZÁN-CIENFUEGOS** REFORMADO. 3 hab., bñ., cocina, salón, balcón, ext. asc. FINCA REHABILITADA **252.720** € T. 93 458 61 00

50727 **GARCILASO-AV. MERIDIANA** FINCA 5 AÑOS, ASC. MAG. 3 hab. 2 bñ., salón, ext., soleado, alto, parket. ZONA COMUNITARIA CON PISCINA. Parking opcional. **424.320** € T. 93 458 61 00

[redacted]

incl. en la misma finca. **572.290** € T. 93 458 61 00

51370 **MARQUÈS DE FORONDA-JTO. ZONA RESIDENCIAL HORTA** (Prox. Font d'en Fargas). Zona privada y tranquila. MAG. PISO TIPO CASA. Obra vista seminueva. 4 hab. 3 dobl., bñ., cocina eq., amplio comedor ext. a terraza 106 m², todo exterior. Acab. calidad. **572.000** € T. 93 458 61 00

51339 **HORTA-PLAÇA EIVISSA** APARTAMENTO. REFORMADO. A ESTRENAR BAJOS. En calle peatonal. 1 hab., bñ., cocina americana, salón com., terraza en parte delantera. **234.000** € T. 93 458 61 00

DO. MAG. 3 hab., bñ., cocina salón, muy tranquilo. Finca obra vista, asc. **387.920** € T. 93 458 61 00

50966 **BILBAO-PUJADES** Jto. Rambla Poblenou. MAG. 3 hab., 2 bñ., amplio salón, balcón, exterior, luminoso, parket, alto con ascensor. FINCA 7 AÑOS. **430.560** € T. 93 458 61 00

50792 **LOPE DE VEGA-JONCAR** 2 hab., bñ., cocina americana, salón, todo exterior, alto, asc. FINCA 6 AÑOS Parking incluído. **390.000** € T. 93 458 61 00

50788 **LOPE DE VEGA-JONCAR** MAG. EN FINCA 6 AÑOS. asc. 2 hab., bñ. cp.,

amplio, 4 hab., bñ. y cocina, gran salón com., luminoso y tranquilo. Todo tabiques. **216.300** € T 93 458 61 00

60608 **AMARGÓS-COMTAL** ATICO. 1 hab., terraza 25 m², muy soleado, parket. Céntrico **255.000** € T 93 458 61 00

60422 **PLA DE PALAU-JTO. ESTACIÓ DE FRANÇA** A 5 MIN. DE LA PLAYA. FINCA REGIA. GRAN PISO. 3 hab., 2 bñ. (1 suitte con vestidor), gran salón con tribuna espectacular, balcón, EXT. A PLA PALAU, ORIENT. AL SOL. **790.000** € T 93 458 61 00

51071 **AMPLE-PLAÇA DE LA MERCÈ** FINCA REGIA REHABILITADA. 4 hab. dobl.

Panel profesional

Modernizar la oficina	Das Büro modernisieren
Usted es experta en ofimática, ¿verdad?	Sie sind Expertin für Bürotechnik, nicht wahr?
Sí, y mi colega es interiorista.	Ja, und mein Kollege ist Innenarchitekt.
Suministramos a nuestros clientes ordenadores de última generación.	Wir beliefern unsere Kunden mit den neuesten Computermodellen.
Si quiere, le mandamos un plano detallado.	Wenn Sie wollen, schicken wir Ihnen einen Detailplan.
No se preocupen, mañana mismo se lo mando.	Keine Sorge, ich schicke ihn gleich morgen ab.
De cualquier modo pienso visitarlos pronto.	Ich wollte Sie sowieso bald besuchen kommen.
Aquí les he traído algunas fotos de nuestras últimas ...	Hier habe ich Ihnen einige Fotos unserer neuesten ... mitgebracht.
Ha habido un cambio muy grande.	Es hat sich einiges geändert.
Le recomiendo ..., de ser posible ...	Ich empfehle Ihnen, wenn möglich ...
Estupendo. ¿Y los precios?	Hervorragend! Und wie sieht es mit den Preisen aus?
Nuestros precios no tienen competencia.	Unsere Preise stechen jegliche Konkurrenz aus.
Eso ponen en su anuncio.	Das steht in Ihrer Anzeige.
Por eso nos pusimos en contacto con ustedes.	Deshalb haben wir uns mit Ihnen in Verbindung gesetzt.
El modelo más sencillo cuesta ...	Das einfachste Modell kostet ...
Claro que también hay otros modelos más elegantes.	Es gibt natürlich auch elegantere Ausführungen.
Pues, queremos algo un poco mejor.	Wir würden vielleicht gern etwas besseres haben.
Lo principal es siempre la iluminación.	Das wichtigste ist immer die Beleuchtung.
Yo elegiría colores cálidos.	Ich würde warme Farben auswählen.
Hagan una lista de sus necesidades actuales.	Machen Sie eine Liste Ihrer Bedürfnisse/Anforderungen.
No olvide las previsiones futuras.	Vergessen Sie die Zukunftsplanungen nicht.
He oído que la última tendencia es ...	Ich habe gehört, die neueste Tendenz ist ...
Dicen que es un sistema mucho más económico.	Es heißt, dieses System sei sehr viel wirtschaftlicher.
Sí, efectivamente.	Ja, in der Tat.
Gracias por haber venido.	Vielen Dank für Ihr Kommen.
Gracias a ustedes por la invitación y ¡mucho éxito!	Vielen Dank für die Einladung und viel Erfolg!

Lección 10 Empieza el estrés

VOCABULARIO Y FRASEOLOGÍA

1 Necesitamos tres habitaciones dobles.

Complete con la palabra que falta.

ida y ______________________ propaganda boca a ______________________

libro de ______________________ servicio de a ______________________

ubicado en pleno ______________________ tres habitaciones ______________________

veinte metros ______________________ manos a la ______________________ tarjeta de ______________________

2 El ABC de los verbos

Relacione los verbos y sus significados.

1.

prometter	1	a	falsch verstehen
aclarar	2	b	erklären
explicar	3	c	versprechen
mencionar	4	d	klären
entender mal	5	e	erwähnen

2.

hacer hacer	1	a	gerade gemacht haben
dejar hacer	2	b	machen lassen
dejar de hacer	3	c	gerade machen
acabar de hacer	4	d	erlauben
estar haciendo	5	e	aufhören zu machen

3 Cuestión de estilo

Busque una expresión más coloquial para las palabras subrayadas.

La feria <u>se celebra</u> en abril. ______________________

El local <u>está ubicado</u> en pleno centro. ______________________

Puede <u>escoger</u> a su gusto. ______________________

Ha decidido <u>exponer</u> sus productos. ______________________

4 Grandes amigos: verbos y sustantivos

Complete la tabla.

verbo	sustantivo	verbo	sustantivo
quejarse	la ______________	______________	la solución
______________	la equivocación	proponer	la ______________
entender mal	el ______________	______________	la interrupción

5 Hay que mantener la calma.

Complete las expresiones con la palabra que mejor concuerde.

las quejas	el conflicto	el asunto
el malentendido	la situación	
las propuestas	la calma	

reconocer	olvidar	
prometer	disculpar	perdonar
buscar	aclarar	

aclarar	____________	____________	la salida
explicar	____________	____________	el error
solucionar	____________	____________	la equivocación
escuchar	____________	____________	el retraso
mantener	____________	____________	la molestia
anotar	____________	____________	una solución
arreglar	____________	____________	el problema

6 Un grave conflicto

Lea el texto y complete con las palabras que faltan.

pasajeros · calefacción · origen · retraso · entrenamiento · efectiva · insatisfechos · suficiente · acondicionado

Según una encuesta, los ____________ de Aerobarat están sumamente ____________. No sólo que se repiten los casos de overbooking sino que con frecuencia los aviones llegan con ____________. Además muchas veces falta la ____________ en invierno o en pleno verano no funciona el aire ____________. Las azafatas de a bordo hacen lo que pueden. Evidentemente tienen un buen ____________ respecto a la gestión de problemas, pero, eso no es ____________. Es necesario analizar todos los factores, descubrir el ____________ de los problemas y buscar una solución ____________.

7 Sinónimos y antónimos

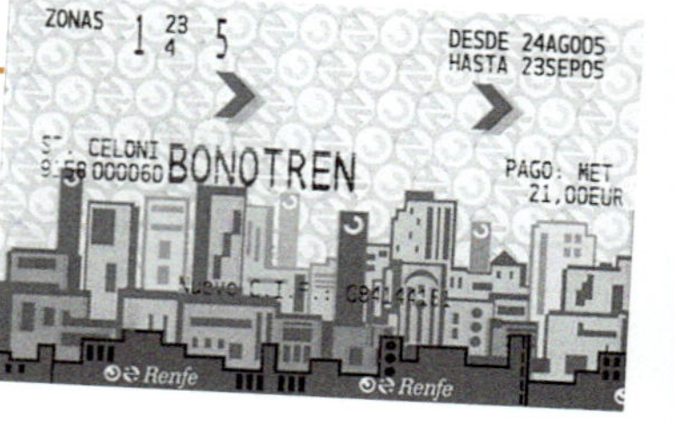

Relacione. Ponga = ó ≠ según el caso.

1. ida	____	vuelta	4. igual	____	diferente
2. insatisfecho	____	descontento	5. arreglar	____	solucionar
3. positivo	____	negativo	6. deber	____	tener que

8 Positivo y negativo

Complete la tabla con los prefijos *des-* e *in-/im-* (antes de *-p* ó *-b*).

tranquilo	≠	______	comparable	≠	______
conocido	≠	______	ocupado	≠	______
conveniente	≠	______	efectivo	≠	______
contento	≠	______	posible	≠	______
concentrado	≠	______	probable	≠	______

GRAMÁTICA

9 El presente de subjuntivo

Complete la tabla.

	comprar	leer	decir	conocer	ir	pensar	volver
yo	compre	______	______	______	______	______	vuelva
tú	______	leas	______	______	______	______	______
él/ella/Ud.	______	______	diga	______	______	______	______
nosotros/-as	______	______	______	conozcamos	______	______	______
vosotros/-as	______	______	______	______	vayáis	______	______
ellos/-as/Uds.	______	______	______	______	______	piensen	______

10 La nueva empleada

Antes de anunciar el puesto vacante, el equipo discute cómo debe ser la nueva empleada.

Ejemplo: Es necesario que pueda empezar pronto.

1. Es importante que — tener experiencia ______
2. Lo principal es que — trabajar independientemente ______
3. Es necesario que — hacer bien todo ______
4. Pero es importante que — integrarse bien en el equipo ______
5. No es necesario que — conducir ______
6. Pero es muy importante que — saber bien inglés ______

11 ¿Qué es lo que quiere?

José busca un nuevo piso. Explica a sus colegas cómo lo quiere.

Ejemplo: Espero que pueda irme allí dentro de tres meses.

1. El piso debe estar cerca de la oficina. Busco un apartamento que ______. (estar)
2. Tiene que tener mucho espacio. Quiero que ______. (tener)
3. También tiene que ser cómodo. Deseo que ______. (ser)
4. Y sobre todo con mucha luz. Lo principal es que ______. (haber)
5. No debe ser muy caro. Espero que no ______. (costar)
6. Le gustaría alquilar el piso. Quizás ______. (poder)
7. Espera encontrar algo pronto. Ojalá ______. (encontrar)
8. ¿Funcionará la calefacción? Es importante que ______. (funcionar)
9. Tiene que tener balcón. Quiero que ______. (tener)
10. Espera ayuda de sus amigos. Espero que me ______. (ayudar)

12 En una agencia de viajes

Usted trabaja en la agencia. Haga frases en subjuntivo y escríbalas en su cuaderno.

Ejemplo: Laura y Julia - pedirnos - reservar el hotel
→ Laura y Julia nos piden que les reservemos un hotel.

1.
1. La señora Ramírez - desear que - mandar información
2. Ana y Alberto - buscar un hotel que - estar bien ubicado
3. Ellos - querer que - tener pensión completa
4. Doña Encarnación - esperar que - encontrar un vuelo (yo)
5. Yo - temer que - no quedar nada para esa fecha

2.
1. Es necesario que - los clientes - confirmar la reserva
2. Es mejor que - usted - pagar con tarjeta
3. Me alegra que - ustedes - estar satisfechos
4. Lástima que - nosotros - no tener mejores ofertas
5. ¡Ojalá - ustedes - tener suerte!

13 ¡Y que sea barato!

Inés y Jorge quieren alquilar un coche. Van a una agencia. Complete el diálogo ¡con o sin subjuntivo!

Inés: Buscamos un coche que ____________ espacio para siete personas. (tener)

Empleada: ¿De qué marca lo ____________? (querer)

Inés: Es lo mismo, pero que ____________ bastante grande. (ser)

Empleada: Pues, tengo uno en oferta, pero ____________ viejo. (ser)

Jorge: Espero que ____________ sistema de navegación. (tener)

Empleada: No, lamentablemente no ____________. (tener)

Inés: ¿Cuánto ____________? (costar)

Empleada: El alquiler ____________ de 39 euros por día. (ser)

Jorge: Bueno, no ____________ mal. (estar)

Empleada: ¿Quiere que le ____________ la reserva? (hacer)

Inés: Nos los vamos a pensar. Quizás ____________ por la tarde. (volver)

Empleada: De acuerdo. Como ustedes ____________. (querer)

COMUNICACIÓN

14 Diga lo contrario.

Ponga el imperativo afirmativo o negativo.

1. Firme el documento. ____________
2. ____________ No pregunten por los precios.
3. Bebed leche. ____________
4. ____________ No pagues con cheque.
5. Llama temprano. ____________
6. ____________ No escribas tu nombre completo.
7. Escriba en letra de imprenta. ____________
8. ____________ No vengas mañana.
9. Pon la dirección. ____________

15 Conversaciones de todos los días

Complete con las palabras que anuncian el subjuntivo.

alegro	espero	recomiendo	quieres	quiero	prefieres	quizás
lástima	ganas	ojalá (2x)	mejor	probable	posible	conveniente

1. – Me __________ de que ustedes vengan a visitarnos.
   – Sí, __________ que no tengamos mucho tiempo.
   – Pues, __________ que se lo pasen bien.
2. – ¿Tienes __________ de que vayamos a Madrid?
   – ¿__________ que yo reserve el hotel?
   – ¿Cómo __________ que sea?
3. – ¡__________ tengamos éxito!
   – Es __________ que elija usted mismo.
   – No __________ que ella se preocupe por eso.
4. – Les __________ que confirmen por teléfono.
   – Es __________ que hagamos una lista.
   – Es __________ que haya retrasos.
5. – __________ pueda hablar con Esther.
   – __________ la llame esta noche o mañana.
   – Es __________ que ya esté en casa.

LECTURA Y REDACCIÓN

16 El móvil en cifras

En un artículo publicado en El País el 7 de octubre de 2005 se afirma que aquel año se vendieron 780 millones de móviles en el mundo. Los españoles de entre 14 y 26 años facturan de media 34 euros al mes, hacen 13 llamadas semanales y mandan 21 SMS. En 2004 se mandaron 12.800.000 en nuestro país. ¿Te parece mucho? Pues atención a las llamadas perdidas[1]: se hicieron 14 millones. Los menores de 25 años son los que les sacan más partido[2]. Por costumbre y por necesidad. Es una manera gratuita de decir “hola”, “pienso en ti” o “Llámame, que no tengo saldo ...”.
Elena, una barcelonesa de 18 años, es experta en sacarles partido. Gasta unos 15 euros al mes y intenta estirarlos como un chicle para que duren y duren ... Tenía 14 años cuando estrenó móvil. La obsesión también ha alcanzado a los niños. Según un estudio elaborado por la asociación Protégeles (www.protegeles.com), un 38 % de los menores “lo pasa fatal” cuando se le rompe o se lo quitan. Elena nos ha dejado controlar su móvil para que comprobemos los vaivenes del móvil de una adolescente. El resultado es escalofriante[3]. En 24 horas ha tenido 27 veces el móvil en sus manos.

1 llamada perdida: llamada sin contestación
2 sacar partido: aprovechar
3 escalofriante: erschütternd

1 Explique cómo es la situación en su país.

niños y adolescentes
gasto medio por mes
uso de llamadas perdidas

2 ¿Y usted? ¿Usa mucho o poco su móvil? ¿Para qué lo usa normalmente? ¿Cuánto suele gastar por mes?

17 "Diario del móvil"

El sábado Elena escribe:

Me levanto y enseguida voy a buscar el móvil. Miro la hora.
11.25 Pongo el móvil en silencio y salgo a la terraza a tomar el sol.
11.49 Le doy un toque a mi prima Ana para que me llame ella, porque tengo poco saldo.
11.52 Vuelvo a hacerle una llamada perdida a Ana, porque no me llama.
11.54 ¡Qué sorpresa! Una perdida de mi amigo Mario. Hace un mes que no nos vemos. Se la contesto.

Déjenos meter la nariz en su móvil. Anote cuándo usa usted el móvil y para qué.

18 ¿Hablamos?

Beatriz y Aurora, de 12 y 13 años, se escriben mensajes para quedar. ¿Los comprende usted?

Beatriz: Kdms sta tard. Y roller. Cnt?
Aurora: H? Dnd? Cnt.
Beatriz: Kiosk D Goya. Xro pront xq a ls 8 tng k star n casa.
Aurora: I puedo a las 7. Cnt.
Beatriz: OK. N tng casi sld. A2.

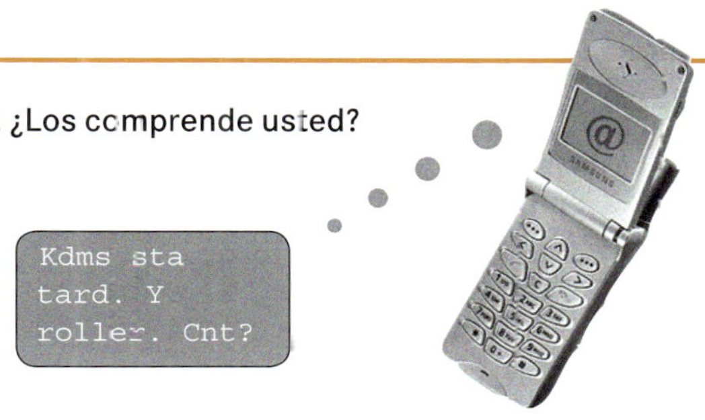

Panel profesional

Hablar con los clientes	**Mit Kunden sprechen**
¿Cuál es su problema exactamente?	Was genau ist Ihr Problem?
Conozco la situación.	Ich kenne diese Situation.
¡Eso no puede ser!	Das kann nicht sein!
Tiene que haber un error.	Das muss ein Irrtum sein.
Bueno, le vamos a devolver el dinero.	Gut, wir erstatten Ihnen Ihr Geld zurück.
¿Ha tenido que esperar mucho?	Haben Sie lange warten müssen?
Explíqueme, por favor, qué es lo que pasa.	Erzählen Sie mir bitte, was geschehen ist.
Siento mucho que tengan que esperar.	Es tut mir sehr Leid, dass Sie warten mussten.
Bueno, está todo arreglado.	Gut, jetzt ist alles geregelt.
Ha sido un gusto (conocerlo/-la).	Es hat mich sehr gefreut (Sie kennengelernt zu haben).
¡Buen viaje y hasta la próxima!	Gute Reise und bis zum nächsten Mal!
Puede llamar a cualquier hora.	Sie können mich/uns jederzeit anrufen.
Cualquiera de nosotros puede ayudarle.	Jede/r von uns kann Ihnen helfen.
Infórmese en cualquiera de nuestras sucursales.	Informieren Sie sich in einer unserer Filialen.
Hacer la reserva de un stand	**Einen Stand reservieren**
¿Hay algun sitio libre todavía?	Gibt es noch freie Plätze?
Tiene usted suerte; queda algo.	Sie haben Glück, es ist noch etwas frei.
¿Podría decirme cuánto cuesta?	Könnten Sie mir sagen, was es kostet?
¿Desea que le mande información detallada?	Soll ich Ihnen ausführliche Informationen schicken?
Mándeme todo, entonces.	Schicken Sie mir alles, bitte.
Hay que hacer hoy mismo la reserva.	Wir müssen heute noch buchen/reservieren.
Aquí hay una oferta de ... por ...	Hier gibt es ein Angebot von/über ...
Otra cosa ya no vamos a conseguir.	Etwas anderes werden wir wohl kaum noch finden.
Todavía falta ...	Es fehlt noch ...
Yo me ocupo de eso.	Darum kümmere ich mich.
Es necesario que confirme pronto la reserva.	Man muss die Buchung schnell bestätigen.

Lección 11 En la feria

VOCABULARIO Y FRASEOLOGÍA

1 ¡A bailar!

Relacione las palabras y forme "parejas".

la exportación 1	a la industria textil	el comprador 5	e la propina
el algódon 2	b el campo	el pabellón 6	f el vendedor
el campesino 3	c el reproductor de DVD	el camarero 7	g los juguetes
la cámara digital 4	d la importación	los niños 8	h el stand

2 "Con nombre y apellido"

1 Busque para cada sustantivo el adjetivo correspondiente.

pequeña	exótica	genética	textil	fiel	controlada	capitalista	dietético

1. fruta ______________
2. calidad ______________
3. letra ______________
4. cliente ______________
5. economía ______________
6. manipulación ______________
7. producto ______________
8. industria ______________

2 Busque para cada adjetivo el sustantivo que falta.

muralla	industria	tema	medidas	gobierno	países	producción	tecnología

1. ______________ masiva
2. ______________ extranjera
3. ______________ comunista
4. ______________ occidentales
5. ______________ proteccionistas
6. ______________ controvertido
7. ______________ local
8. ______________ china

3 ¿Cuántos?

Explique cuántos/-as de sus compañeros/-as hacen estas cosas. Escriba en su cuaderno.

uno/-a de cada ...	casi la mitad (de ...)	gran parte (de ...)
casi todos/-as	la mayoría (de ...)	el 20 por ciento de ...

ir a la escuela en bicicleta	llevar vaqueros	conocer Mallorca
jugar al tenis	hablar bien inglés	tener novio/-a
ir a esquiar en invierno	ir al cine cada semana	(no) comer carne

4 “De la mano”

1 Relacione cada verbo con un sustantivo.

1.

abrir	1	a	deseos
ver	2	b	las fronteras
ponerse en	3	c	contacto
ofrecer	4	d	la atención
expresar	5	e	la presentación
llamar	6	f	servicios

2.

liberalizar	1	a	información
mantener	2	b	una cita
tener	3	c	los precios
dejar	4	d	el contacto
pedir	5	e	la tarjeta
averiguar	6	f	la economía

2 Haga una frase con cada expresión. Escriba en su cuaderno.

Ejemplo: Me gustaría ver la presentación.

GRAMÁTICA

5 ¿Qué tiempo hará el fin de semana?

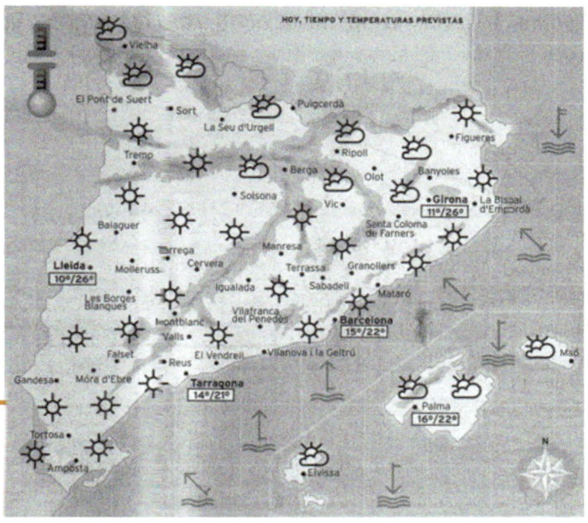

Nadie sabe, pero todos opinan. Complete las frases.
Utilice el presente de subjuntivo.

A Creo que mañana va a llover.

B Yo no creo que ____________________.

C Yo pienso que va a nevar.

D ¡Qué va, yo no creo que ____________________!

C Yo sí. Temo que ____________________ todo el día.

A No, sé. Es posible que ____________________ mal tiempo.

C Yo pienso que va a hacer mucho frío.

A No, no parece que ____________________ frío.

B A mí me parece que va a haber sol.

D Sí, tal vez ____________________ sol.

C A lo mejor podemos ir a esquiar.

B Sí, puede ser que ____________________ ir.

6 ¿Con o sin subjuntivo?

Utilice el presente de subjuntivo donde sea necesario.

tener	estudiar	trabajar	poder

1. Cuando ____________________ tiempo voy a bailar.

   Cuando ____________________ unos días libres, voy a visitar a mis padres.

2. Mientras ____________________ escucho música.

   Mientras ____________________ vivirá en Salamanca.

3. Aunque ____________________ mucho, gana poco.

   Aunque ____________________ mucho, nunca llegará a gerente.

4. Quizás no ____________________ conseguir un taxi.

   Quizás no ____________________ venir por otro motivo.

7 Todo puede ser ...

Usted espera a una persona y la persona no llega. Haga frases con o sin subjuntivo.

1. quizás	llegar enseguida	______________________
2. tal vez	no venir	______________________
3. quizás	no haber lugar	______________________
4. a lo mejor	no conseguir aparcamiento	______________________
5. es posible que	no saber bien la dirección	______________________
6. puede ser que	llamar por teléfono	______________________
7. quizás	mandar un mensaje	______________________
8. a lo mejor	querer darnos una sorpresa	______________________
9. ojalá	traer un regalo	______________________
10. no creo que	traer nada	______________________

8 Carta de agradecimiento

Complete la carta con las formas del perfecto de subjuntivo.

olvidarse | recibir | tener | visitar | hablar | poder | conocerse | gustar | llegar

Estimados Orlando y Omar:

os agradezco mucho que nos hayáis visitado en la feria. Esperamos que el taxi ______________ a tiempo al aeropuerto y no ______________ problemas para coger el vuelo.

Es una lástima que no os ______________ (nosotros) mostrar todas nuestras exposiciones, pero lo importante es que nos ______________ y ______________ personalmente.

Espero que entretanto ______________ las muestras que os mandé y que les ______________ a todos vuestros colegas en la empresa.

Un cordial saludo

Fernando

P. D.: Omar: Espero que no te ______________ de lo que hablamos, ¿no?

9 Preposiciones

Complete las frases.

para	por	a	de

1. El Sr. Ramírez no va ________ tardar en llegar.
2. Debo disculparme ________ el retraso.
3. Los stands compiten ________ llamar la atención.
4. Todos quieren atraer ________ los visitantes.
5. A Jimena le gusta flirtear ________ los clientes.
6. Exigen libertad de comercio ________ poder exportar.
7. Te debes acostumbrar ________ las nuevas tecnologías.
8. ¿No puedes darme un poquito ________ café?

10 En el stand de la feria

Complete con los verbos en presente o perfecto de subjuntivo.

1. Espero que los clientes ________________ nuestra invitación. (recibir)
2. Espero que les ________________ nuestro stand. (gustar)
3. Ojalá que (nosotros) ________________ en todo. (pensar)
4. Lástima que vosotros no ________________ más tiempo. (tener)
5. Te agradezco que tú me ________________ ayer. (llamar)
6. Siento que Juan y Carlota todavía no ________________. (llegar)
7. Me alegro de que ustedes nos ________________. (visitar)

8. ¡Lástima que ya no ________________ catálogos! (tener)
9. Es posible que ________________ algún folleto. (quedar)
10. Ojalá el cliente ________________ un taxi enseguida. (conseguir)
11. Espero que ________________ a tiempo al aeropuerto. (llegar)
12. Temo que ________________ el avión. (perder)

COMUNICACIÓN

11 Atender al público

Traduzca.

Werden Sie schon bedient?	______	Ich empfehle Ihnen ...	______
Was kann ich für Sie tun?	______	Es ist für Sie günstiger.	______
Woran hatten Sie gedacht?	______	Ist alles erledigt?	______
Wie sollen die Produkte sein?	______	Nehmen Sie Platz, bitte!	______

12 Cortesía comercial

Relacione.

Cuando usted pueda. 1	a Wie Sie es vorziehen.
Cuando usted tenga tiempo. 2	b Wie Sie wollen.
Como a usted le parezca. 3	c Wo immer Sie möchten.
Como usted quiera. 4	d Wenn/Sobald Sie Zeit haben.
Donde usted quiera. 5	e Wie Sie meinen.
Lo que usted diga. 6	f Wann immer Sie können.
Lo que usted prefiera. 7	g Wie Sie es für richtig halten.

13 ¿A quién tengo que dirigirme para ...?

1 Usted va a visitar una feria. Anote algunas frases que le pueden ser útiles.

1. An wen soll ich mich wenden, um ... ______
2. Ich habe um neun Uhr eine Verabredung mit Frau ... ______
3. Ich möchte Herrn ... sprechen, wäre es möglich? ______
4. Wird es lange dauern, bis er da ist? ______
5. Ich lasse Ihnen meine Karte da, damit er mich anruft. ______

2 Usted trabaja en una feria y debe atender al público. ¿Qué le dirá a un cliente español?

1. Sie werden einen Moment warten müssen. ______
2. Ich glaube nicht, dass es lange dauert. ______
3. Sie ist in einer Konferenz. Nehmen Sie Platz. ______
4. Spätestens um ... wird sie hier sein. ______
5. Soll ich Ihnen die Muster zuschicken? ______

14 El arte de negociar

Complete con los verbos en presente o perfecto de subjuntivo.

Lo principal es que ...

1. la calidad ______________ buena. (ser)
2. los precios ______________ competitivos. (ser)
3. los productos ______________ las exigencias de los consumidores. (satisfacer)
4. los envíos ______________ con puntualidad. (llegar)

Disculpe que ...

5. no ______________ más tiempo. (tener)
6. no ______________ quedarme. (poder)
7. ______________ tarde. (llegar)

Le recomiendo que ...

8. ______________ la producción. (controlar)
9. ______________ con sus colegas. (hablar)

Le propongo que ...

10. ______________ mañana. (llamarme)
11. ______________ a ver la fábrica. (ir)

Siento mucho que ...

12. ya no ______________ de más tiempo. (disponer)
13. no ______________ todo. (ver)
14. ______________ que irme. (tener)

LECTURA Y REDACCIÓN

15 En la feria

Sie haben den Stand der Firma Espatex auf der Textilmesse besucht. Schreiben Sie eine Anfrage.

Sie sind Käufer von der Herren-Boutique MOM (Mann-oh-Mann!).
Sie möchten die Marke nutzen und die Palette erweitern.
Sie suchen einen zuverlässiger Zulieferer, der Ihnen regelmäßig seine aktuelle Kollektionen schickt.
Vor allem sind Sie an hochwertigen Designer-Krawatten interessiert.
Ihnen ist ausgefallen, dass am Stand von Espatex auf der Messe Intertex eine große Auswahl zu sehen war.
Sie möchten wissen, ob die Krawatten aus eigener Fabrikation stammen.
Bei Ihnen kommen nur Krawatten aus reiner Seide (**seda**) in Frage.
Sie möchten auch die Preislage und Lieferkonditionen kennen.

MOM – Designermodeboutique für Männer

Espatex S.A.
Ctra de Vigo, km. 23
36500 Pontevedra

Solicitud de oferta

Panel profesional

En la feria	Auf der Messe
Quisiera hablar con ... ¿Sería posible?	Ich würde gern mit ... sprechen, wenn es möglich wäre.
Si, cómo no, pero va a tener que esperar.	Selbstverständlich, aber Sie werden sich etwas gedulden müssen.
¿Va a tardar mucho?	Wird er/sie noch lange brauchen?
¿A quién debo dirigirme para ...?	An wen muss ich mich wenden, um ...?
Tengo una cita con ...	Ich habe eine Verabredung mit ...
Espero que no se haya ido.	Ich hoffe, er/sie ist noch nicht gegangen.
Quizás esté todavía.	Vielleicht ist er/sie noch da.
A más tardar a las once va a estar aquí.	Spätestens um elf ist er/sie hier.
¿Cómo es su nombre, por favor?	Wie ist Ihr Name, bitte?
Tengo mucha prisa.	Ich habe es sehr eilig.
Quizás llegue enseguida.	Vielleicht kommt er/sie gleich.
Está muy ocupado/-a.	Er/Sie ist beschäftigt.
Avíseme en cuanto llegue ...	Sagen Sie mir Bescheid, sobald ... kommt.
Aunque tenga que esperar, no importa.	Es macht nichts, wenn ich warten muss. / Es macht mir nichts aus zu warten.
Se me ha hecho tarde, perdone.	Ich habe mich verspätet, entschuldigen Sie bitte.
Enseguida lo/la va a atender.	Er/Sie wird sich Ihnen gleich widmen / ist gleich bei Ihnen.
¿No quiere ver la presentación, mientras espera?	Möchten Sie nicht die Ausstellung sehen, während Sie warten?
¿Un cafecito, mientras tanto?	Einen Kaffee in der Zwischenzeit?
¿Le preparo los documentos?	Soll ich die Unterlagen für Sie vorbereiten?
Sí, y algunas muestras, para que las vean mis colegas.	Ja, bitte, und auch ein paar Muster für meine Kollegen.
De acuerdo. ¿Y el resto se lo envío?	Einverstanden. Soll ich Ihnen den Rest zuschicken?
Si es posible, sí. De cualquier modo, ya he visto todo.	Wenn es möglich ist, gerne. Jedenfalls habe ich ja alles gesehen.
Le dejo mi tarjeta para que me llame, por cualquier cosa.	Ich lasse Ihnen meine Karte da, damit Sie mich anrufen können, falls es erforderlich ist.
Tal vez pueda visitarnos, cuando vaya a ...	Vielleicht besuchen Sie uns ja, wenn Sie nach ... kommen.
Por supuesto, con mucho gusto. Gracias por todo.	Selbstverständlich, sehr gern. Und vielen Dank für alles.
De nada. ¡Que tenga buen viaje!	Nichts zu danken, gute Reise!
Espero que nos mantengamos en contacto.	Ich hoffe, wir bleiben in Verbindung.
Con seguridad. Ha sido un gusto conocerlo/la.	Ganz sicher. Es hat mich sehr gefreut.
Igualmente. Que tenga mucho éxito en la feria.	Mich ebenfalls. Weiterhin viel Erfolg auf der Messe.
Gracias por su visita. ¡Hasta la próxima!	Vielen Dank für Ihren Besuch. Bis zum nächsten Mal!

Lección 12 Una propuesta muy interesante

VOCABULARIO Y FRASEOLOGÍA

1 ¿Delante o detrás?

Elija un adjetivo para cada sustantivo y colóquelo donde corresponda.

~~cualquier~~	exclusivo/-a(s)	estándar	primer	especial	sexto	buen/o/a(s)
innovativo/-a(s)	habitual	adjunto	gran/de(s)	ágil	libre	

cualquier ______ pregunta ______
______ producto ______
______ sentido ______
______ administración ______
______ comercio ______
______ clientes ______
______ diseño ______
______ proveedores ______
______ condiciones ______
______ documento ______

______ calidad ______
______ pedido ______
______ superficies ______
______ relación ______

2 Poner – un verbo “multitalento”

1 Complete las expresiones.

ponerse a	______	anfangen zu arbeiten	ponerse rojo	______
ponerse de	______	sich einigen	ponerse mal, enfermo	______
ponerse en	______	in Verbindung treten	ponerse bien	______
ponerse al	______	ans Telefon kommen	ponerse furioso, nervioso	______

2 Verbos compuestos. Forme nuevos verbos con los prefijos (*Vorsilben*).

im- pro- ex- su-

poner	______	______	ausstellen	posponer	(auf später) verschieben
imponer	______	______	vermuten	______	vorschlagen

3 Preposiciones

1 Complete con el sustantivo que falta.

tecnología	validez	volumen	oferta

1. La ______________ de la oferta es por 30 días.
2. Necesitamos ______________ de punta.
3. Se trata de una ______________ en firme.
4. El ______________ de ventas es de 1.000.000 € por mes.

2 Complete las frases con la preposición que falta.

a	de	en	por

1. Todos se interesan ________ los nuevos productos.
2. Lamentablemente no se han puesto ________ acuerdo.
3. Nos gustaría entrar ________ una relación comercial.
4. Hay que adaptarse ________ las necesidades.
5. Hemos encontrado un hueco ________ el mercado.
6. ¿________ qué se trata?
7. Estamos dispuestos ________ colaborar.
8. Gracias ________ la entrevista.

GRAMÁTICA

4 Los problemas de las gemelas

Complete el diálogo.

mismo	misma	el mismo	la misma
lo mismo	los mismos	las mismas	

1. Nora y Susi van al ______________ instituto.
2. Están en ______________ clase.
3. A las dos les gustan ______________ cosas.
4. En su tiempo libre escuchan ______________ discos y miran ______________ películas.
5. Nadie puede diferenciarlas porque son gemelas y además llevan siempre ______________ ropa.
6. A las dos les gusta ______________ chico, Julio, un compañero de la clase de francés.
7. Julio está desesperado. Para él no es ______________ salir con una o con la otra.
8. Ahora es el cumpleaños de las chicas, ______________ día, claro. Julio no sabe qué hacer en la fiesta.
9. Por suerte Susi ______________ ha solucionado el problema: ¡Se ha puesta una rosa en el cabello!

5 Imperfecto de subjuntivo

1 Primero repase el indefinido. Anote la 1ª, 2ª y 3ª persona singular y la 3ª plural de los siguientes verbos:

estar ____________ tener ____________

ser ____________ hacer ____________

ir ____________ venir ____________

2 Complete la tabla. Recuerde que las formas se basan en la 3ª persona del indefinido.

	indefinido	yo	tú	él/ella/Ud.	nosotros/-as	vosotros/-as	ellos/ellas/Uds.
estar	estuvo	estuviera	___	___	___	___	___
ser	___	___	fueras	___	___	___	___
tener	___	___	___	tuviera	___	___	___
hacer	___	___	___	___	hiciéramos		___
ir	___	___	___	___	___	fuerais	___
venir	___	___	___	___	___	___	vinieran

6 ¿Sería posible?

1 Complete las frases con el imperfecto de subjuntivo.

tener volver
haber ser hacer

1. Si Ana ____________ dinero, compraría un coche.
2. Si los chicos ____________ pronto, iríamos a la discoteca.
3. Si mañana ____________ nieve, podríamos ir a esquiar.
4. Si hoy ____________ mi cumpleaños, haría una fiesta.
5. Si Manuel ____________ más gimnasia, no estaría tan gordo.

2 Complete las frases con el imperfecto de subjuntivo y el condicional.

1. ¡Hoy no hace calor! – Si ____________ calor, ____________ (ir) a la piscina.
2. ¿Por qué no trabajáis más? – Si ____________ más, ____________ (poder) ganar más dinero.
3. Está nevando muchísimo. – Si no ____________ tanto ____________ (salir) con nuestros amigos.
4. ¡Lástima que hoy no es feriado! – Si hoy ____________ feriado, no ____________ (trabajar).
5. Hombre, ¡estudia más! – S ____________ más, ____________ (pasar) los exámenes.

7 La realidad es otra.

Haga frases como en el ejemplo.

Ejemplo: El cliente nos pide que lo llamemos en cuanto tengamos noticias.
tener noticias – llamar enseguida → Si tuviéramos noticias, lo llamaríamos enseguida.

1. Quiere que le enviemos los productos lo antes posible.
   estar terminados – enviar hoy mismo
2. Quiere que le concedamos un descuento.
   ser posible – hacer con mucho gusto
3. Los obreros trabajan ocho horas por día.
   ser necesario – trabajar más
4. No hacen propaganda. Venden poco.
   hacer propaganda – vender más
5. Los clientes no nos pagan.
   pagar – no haber problemas
6. Tenemos muchos pedidos.
   no tener tantos – no hacer tantas horas extra

8 ¿Y si nos fuéramos de vacaciones?

Traduzca las siguientes frases. Utilice el imperfecto de subjuntivo y el condicional.

1. Wenn alle hier wären, könnten wir jetzt schon anfangen ein Hotel zu suchen.
2. Hätten wir die Reiseprospekte hier, würden wir heute entscheiden, wohin wir fahren.
3. Wenn wir mehr Geld hätten, könnten wir zwei Wochen verreisen.
4. Wenn das möglich wäre, wären alle einverstanden.
5. Wenn wir mit dem Bus fahren würden, würden wir viel Geld sparen.
6. Wenn wir nach Mallorca fahren würden, könnten wir uns sonnen (tomar el sol).
7. Wenn wir ein Alles-inklusiv-Hotel nehmen würden, würden wir uns mehr amüsieren.

COMUNICACIÓN

9 Los eternos "peros"

Una persona pregunta algo. Los motivos para decir que "no" son muchos. Relacione.

si tuviéramos tiempo	si tuviéramos dinero	si hiciera buen tiempo	si fuera verano
si me dijeras de qué se trata	si lo supiéramos	si fuera millonario	si yo estuviera en su lugar

1. ¿Me dejas 100 euros? – Imposible. ______________________, ¡te los regalaría!
2. ¿Adónde vamos? – No sé, ______________________, podríamos ir a la playa.
3. ¿Qué hacemos? – ______________________, haríamos un paseo por el bosque.
4. ¿Puedes ayudarme? – ¡______________________, te ayudaría con gusto!
5. No sé qué hacer. ¿Tiene una idea? – ______________________, hablaría personalmente con él.
6. ¿Por qué no compramos la casa? – ______________________, la compraríamos.
7. ¿Por qué no me lo dicen? – ¡______________________, te lo diríamos!
8. ¿Por qué no venís a visitarme? – ______________________, iríamos hoy mismo.

10 Ahora usted

1 Busque un "pero" para no hacer lo que le piden. Relacione las frases.

1. ¡Ven a visitarme!	Es que estoy satisfecho.	Si tuviera hambre, comería ... .
2. ¡Come más paella!	Es que no los tengo aquí.	Si ______, ______.
3. ¡Cuéntame lo que ha pasado!	Es que no puedo.	Si ______, ______.
4. ¡Pon música!	Es que el aparato no funciona.	Si ______, ______.
5. ¡Dame los CDs!	Es que mi coche está roto.	Si ______, ______.
6. ¡Vete a comprar otro!	Es que no tengo dinero.	Si ______, ______.
7. ¡Dime la verdad!	Es que no lo sé.	Si ______, ______.
8. ¡Haz lo que quieras!	Es que no sé qué hacer.	Si ______, ______.

2 ¿Recuerda de qué verbos son estos imperativos? Complete la tabla.

______	come	______	ven	______	cuéntame
______	dame	______	haz	______	pon
______	sé	______	vete	______	dime

3 Ahora dígale lo mismo a su jefa. Por supuesto la trata de usted.

Ejemplo: Coma más paella.

11 ¿Qué haría usted?

Deseos tenemos todos. ¿Qué haría usted si fuera posible?

1. Ya no hay más tiempo.	Si hubiera tiempo todavía, miraríamos las fotos.
2. No sé bailar.	Si ______, ______.
3. Tú no comprendes chino.	Si ______, ______.
4. Ana no tiene hermanos.	Si ______, ______.
5. Luis no quiere nada.	Si ______, ______.
6. No hay posibilidades.	Si ______, ______.
7. No puedo hacer nada por ti.	Si ______, ______.
8. No somos millonarios.	Si ______, ______.

LECTURA Y REDACCIÓN

12 Amor al dinero de plástico

Los españoles usamos cada vez más las tarjetas de débito y crédito para comprar, sobre todo en las vacaciones de verano. Sin embargo, y aunque pagamos así más del 10 % de lo que adquirimos – unos 480 millones de euros al año –, sólo un 1,24 % de la población hace sus compras de este modo. Como indica el gráfico, la cifra nos sitúa en la media europea.

1 Explique la diferencia entre tarjeta de débito y tarjeta de crédito.

2 ¿Cómo es en su país? ¡Compare con España!

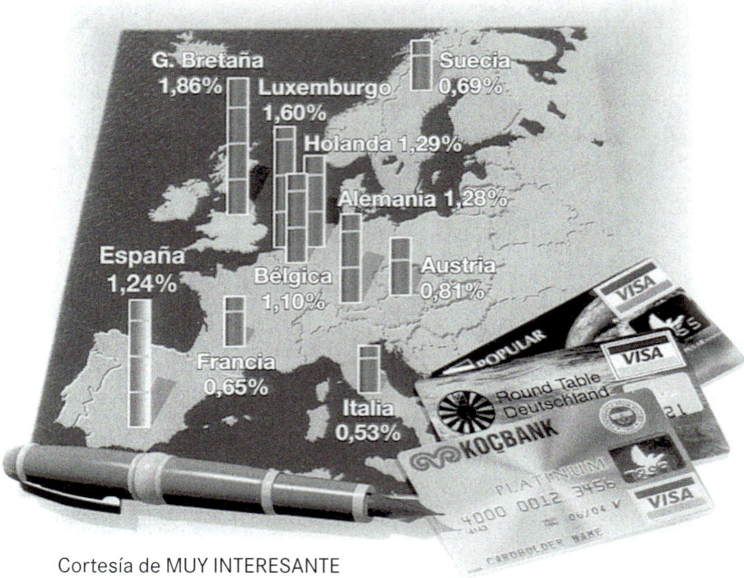

Cortesía de MUY INTERESANTE

13 Condiciones

¿De qué se trata? Lea las condiciones y póngales el título correspondiente.

Forma de pago	Plazos de entrega	Condición de entrega	Descuentos
Seguro y embalaje	Pedido a prueba	Transporte	Exclusividad

______________________: por barco (contenedor completo). FOB Barcelona.

______________________: incluido en el precio. Cajas de madera a su cargo según lista adjunta.

______________________: normalmente despachamos nuestra mercancía ex-fábrica o FOB Barcelona.

______________________: productos estándar: inmediatamente. Otros productos: a convenir.

______________________: crédito documentario irrevocable y confirmado.

______________________: 2 % por compra regular; 3 % por cantidad mayor de 1000 unidades.

______________________: es posible, pero nos reservamos el derecho de exigir pago por anticipado.

______________________: en caso de vender sólo nuestros productos, el precio se reduce en un 5 %.

14 Una oferta en firme

Usted trabaja en la empresa "Espatex". Conteste la solicitud de oferta de MOM (página 81).

Agradezca la solicitud de oferta.
Exprese su interés en cooperar con MOM.
Presente su empresa y explique en qué se especializan.
Describa sus productos.
Comunique sus precios (precio, descuentos, forma de pago).
Comunique sus condiciones (seguro, transporte, plazo de entrega).
Despídase cordialmente.

1 Opine. ¿Qué empresas …

- PY GE producen más?
- PY GE hacen más investigación?
- PY GE ven primero las tendencias?
- PY GE dan trabajo más seguro?
- PY GE forman más personal?
- PY GE reaccionan más rápido?
- PY GE son más conocidas?
- PY GE exportan más?
- PY GE trabajan más horas?

2 Lea ahora el e-mail de un amigo.

Mail Archivo Edición Listado Buzón Mensaje Formato Ventana Ayuda

Mensaje nuevo

Enviar Dirección Adjuntar Tipo de letra Borrador Imprimir

Para:
Cc:
Asunto:

¡Hola chicos!
¿Qué tal? ¿Sabéis que he encontrado por fin trabajo?
Pues, sí, imaginaos, me ofrecen un puesto como Gerente de Compras en una Pyme que se dedica a la importación y exportación de flores.
Pero eso no es todo, también tengo la posibilidad de entrar en un consorcio textil.
No sé que hacer, ¿qué me aconsejáis vosotros?
Espero vuestros comentarios. ¡Hasta pronto!
Miguel Ángel

3 Conteste explicando las ventajas y desventajas de los dos tipos de empresa.

ya que	por el contrario
por supuesto	por un lado
por otro lado	en principio
por eso	mientras que

Mail Archivo Edición Listado Buzón Mensaje Formato Ventana Ayuda

Mensaje nuevo

Para:
Cc:
Asunto:

¡Hola Miguel Ángel!
Me alegro que hayas encontrado trabajo. Yo en tu lugar …

Panel profesional

Negociar	Verhandeln
Hay que tener en cuenta que …	Man darf nicht vergessen, dass …
Nos convendría llegar a un acuerdo.	Es wäre angebracht zu einer Vereinbarung zu gelangen.
¿Habría la posibilidad de …?	Gäbe es die Möglichkeit …?
Si hubiera alguna posibilidad habría que aprovecharla.	Gäbe es irgendeine Möglichkeit, müssten wir sie nutzen.
Podemos hablarlo con … y ver qué dice.	Wir können mit … sprechen. Mal sehen, was er/sie sagt.
Justo ahora es mal momento, pero …	Jetzt ist gerade ein ungünstiger Augenblick, aber …
Deberíamos intentarlo, ¿no?	Wir müssten/sollten es versuchen, was meinen Sie?
Nos alegra que se interese por nuestros productos.	Uns freut Ihr Interesse an unseren Erzeugnissen.
Nos gustaría entablar una relación comercial con ustedes.	Wir würden gern Geschäftsbeziehungen mit Ihnen aufnehmen.
Nos es imposible aceptar sus condiciones.	Diese Bedingungen können wir leider nicht akzeptieren.
Si nos pusiéramos de acuerdo sobre las condiciones …	Wenn wir uns über die Konditionen einigen könnten …
Estaríamos dispuestos a concederles un descuento del …	Wir wären bereit Ihnen einen Rabatt von … einzuräumen.
Si le vendiéramos a mitad de precio, nos comprarían.	Wenn wir ihnen den halben Preis anböten, würden sie bei uns kaufen.
¿Qué piensan? ¡Qué coraje tienen!	Was glauben die denn? Die sind aber ganz schön mutig!
¿Creen que les vamos a regalar nuestros productos?	Denken die, wir schenken ihnen unsere Produkte?
Si pudiéramos hablar personalmente, sería mejor.	Es wäre besser, wenn wir persönlich miteinander sprechen könnten.
Hay que contestarle hoy mismo.	Wir müssen (ihr/ihm) heute noch antworten.
¿Y si fuéramos a visitar a los clientes?	Und wenn wir die Kunden besuchen würden?

Lección 13 Gastos y disgustos

VOCABULARIO Y FRASEOLOGÍA

1 ¿Qué le pasa a Dolores?

1 Mire los dibujos y explique lo que le pasa a Dolores.

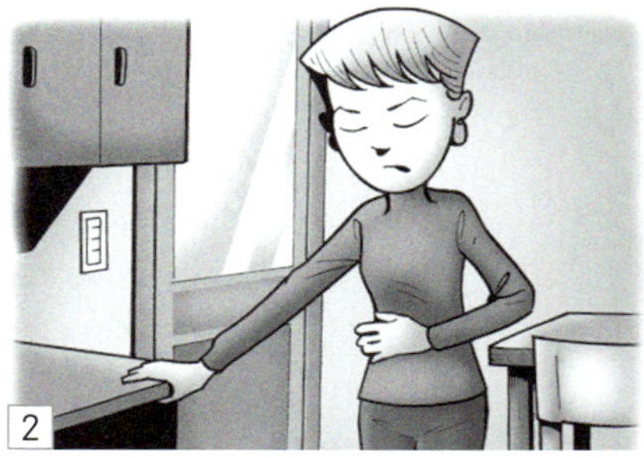

2 Explique lo que hace Dolores en cada caso.

tomar una aspirina	tomar leche con miel	llamar al médico
ponerse un jersey, un gorro y una bufanda		reposar en un sillón

Ejemplo: Cuando Dolores tiene un resfriado se pone un buen jersey ...

4

5

6

... tomar una infusión (Kräutertee).

2 Con nombre y apellido

Relacione los sustantivos y los adjetivos.

mejora 1	a subcontratada	medida 5	e ordenados
empresa 2	b blanco	carta 6	f confirmado
ejecución 3	c continua	productos 7	g proteccionista
cuello 4	d inmediata	pedido 8	h monitoria

3 "De la mano"

Ordene los sustantivos para cada grupo de verbos. Ponga los artículos donde sea necesario.

disculpas exigencias pedido propuesta retrasos daños indemnización inconvenientes expectativas perjuicios oferta molestias

confirmar, rechazar, anular: ______

satisfacer, corresponder a: ______

exigir, pedir: ______

causar, disculparse por: ______

4 Grandes amigos: verbos y sustantivos

Familia de palabras. Busque los verbos y los sustantivos que faltan.

diferenciar	la ______	______	el envío
despedir	la ______	______	la reserva
causar	la ______	______	la indemnización
facturar	la ______	______	la exigencia
confirmar	la ______	______	la atención

5 Pequeñas palabras

Elija las expresiones correctas.

1. justo ahora	justo a tiempo	a contar de	rechtzeitig	__________
2. en principio	al principio	efectivamente	tatsächlich	__________
3. por consiguiente	por desgracia	por ese motivo	darum, deshalb	__________
4. en realidad	de parte de	a causa de	eigentlich	__________

6 ¿Qué es lo que no concuerda?

Tache lo que no corresponda.

1. desafío – etiqueta – imprenta – impresión
2. indemnización – identificación – reclamación – perjuicio
3. externalización – racionalización – diferenciación – desinfección
4. línea – extensión – deslocalización – comunicación

7 Conviene externalizar.

Complete con las preposiciones que faltan.

1. Se han decidido __________ la gestión __________ calidad.
2. Sólo piensan __________ racionalizar __________ ganar más.
3. Se hacen asesorar __________ un consultor especializado __________ el tema.
4. Llegan __________ la conclusión __________ que conviene externalizar.
5. Contactan __________ una empresa __________ China y pasan un pedido __________ prueba.

GRAMÁTICA

8 Un verbo muy usado

Apunte las formas impersonales del verbo *haber*.

presente	__________	futuro inmediato	va a haber
futuro simple	__________	condicional	__________
perfecto	__________	pluscuamperfecto	__________
indefinido	__________	imperfecto	__________

9 Condicional compuesto + pretérito pluscuamperfecto de subjuntivo

¿Cómo se forman?

El condicional compuesto se forma con: ____________ + participio del verbo principal.

yo habría ____________ tú ____________ él/ella ____________

nosotros/-as ____________ vosotros/-as ____________ ellos/ellas ____________

El pluscuamperfecto de subjuntivo se forma con: ____________ + participio del verbo principal.

yo ____________ tú hubieras ____________ él/ella ____________

nosotros/-as ____________ vosotros/-as ____________ ellos/ellas ____________

10 ¿Por qué no?

Explique por qué no pudo ser. Utilice pluscuamperfecto de subjuntivo y condicional compuesto.

1. ¿Por qué no me llamaste ayer? – Es que no pude. Si hubiera podido, ...
2. ¿Por qué no viniste anoche? – No sabía en qué bar estabais. Si ...
3. ¿Por qué Darío no compró el coche? – No tenía dinero. Si ...
4. ¿Por qué no me dijo que ya tenía el libro? – Es que no se había dado cuenta. Si ...
5. ¿Por qué no vamos a cenar juntos hoy? – No hemos reservado mesa. Si ...
6. ¿Por qué pediste pescado? – Es que no había otra cosa. Si ...
7. ¿Por qué no fueron a la fiesta las chicas? – No estaban invitadas. Si ...

Si hubiera podido, te habría llamado.

11 ¿Qué habrían hecho si ...?

Haga frases. Utilice pluscuamperfecto de subjuntivo y condicional compuesto.

Por ejemplo: Bruno – no tener la bicicleta – llegar más rápido → Si Bruno hubiera tenido la bici, habría llegado más rápido.

1. Carla y Jorge – no tener amigos en Granada – visitar

____

2. vosotros – no saber bailar – divertirse más

____

3. nosotras – no funcionar el ascensor – bajar a tomar algo

____

4. Gerardo – no hablar alemán – poder hablar con colegas

____

5. Hugo y Luis – beber demasiado – poder conducir

____

12 Claro que lo podrían haber hecho.

Transforme las frases como en el ejemplo. Utilice el verbo modal + participio compuesto.

Ejemplo: Por lo menos podrían avisar, ¿no? → Por lo menos podrían habernos avisado.

1. ¡Las visitas deberían saludar antes de irse! ____________________
2. Tendrías que darle las gracias a tus amigos. ____________________
3. Me podría levantar más temprano. ____________________
4. Habría que llamar al médico. ____________________

13 Si pudiera ...

Traduzca al español. Utilice los tiempos necesarios para cada frase.

1. Wenn ich könnte, würde ich gehen. ____________________
2. Wenn ich gekonnt hätte, wäre ich gegangen. ____________________
3. Wenn er es wüsste, würde er es Ihnen sagen. ____________________
4. Wenn wir es gewüsst hätten, hätten wir es gesagt. ____________________
5. Wenn ich helfen könnte, würde ich es gerne tun. ____________________
6. Wenn ich hätte helfen können, hätte ich es gern getan. ____________________

COMUNICACIÓN

14 ¿Me comunica con ...?

Ordene los recursos de comunicación.

No consigo la comunicación.	¿Está el Sr. Aguirre?	Llame de nuevo.	¿Puede ponerse ...?
No puedo localizarlo/-la.	Quisiera hablar con ...	Está comunicando.	No se encuentra aquí.
Vuelva a llamar.	¿Puede ponerme con ...?	Pruebe otra vez	Está en una reunión.
¿Quiere dejar un recado?	¿Quiere que le/la llame?	Ya le paso con él/ella.	¿Me deja su número?
¿Me comunica con ...?			

¿Qué dice usted para ...

... preguntar por una persona?

____

____

____

... explicar que no es posible?

____

____

____

... ofrecer sus servicios?

... aconsejar a quien llama?

15 ¿Quiere dejar un recado?

Traduzca el diálogo telefónico.

A Mein Name ist Peñaroya. Können Sie mich mit Herrn Pérez verbinden?
B Tut mir Leid, er ist verreist. Möchten Sie eine Nachricht hinterlassen?
A Ich wollte wissen, was mit der Bestellung los ist.
B Wir benötigen noch die Auftragsbestätigung.
A In Ordnung. Ich schicke sie Ihnen heute noch. Sagen Sie Herrn Pérez bitte, dass ich ihn sprechen muss.
B Rufen Sie ihn auf dem Handy an. Haben Sie die Nummer?
A Nein, können Sie sie mir geben?
B Gerne. Notieren Sie bitte: 668 759 834.

LECTURA Y REDACCIÓN

16 Un método muy original

Opine.

¿Qué piensa de este método "diabólico"? ¿Podría funcionar en su país? ¿Cómo es la situación aquí?

LA VERGÜENZA ES LA QUE PAGA

Hace cuatro años, llegó el "diablo" a Caracas. El licenciado Rodrigo Herrera inició el negocio, con una idea tan original como eficaz. Pedir créditos es fácil, pero cuando llega la hora de pagarlos es otra cosa.

En Venezuela el proceso judicial tarda una eternidad y es casi imposible recuperar el dinero, según explica Herrera. Su empresa "Dr. Diablo y Asociados" se encarga de hacer justicia. Por sus oficinas ya han pasado conocidos actores, políticos y empresarios, que al verse amenazados por el mismísimo "Diablo", pagan hasta el último centavo.

El innovador sistema ataca la moral y la reputación del individuo. La empresa averigua teléfonos, dirección y hasta el número de amantes del deudor[1]. La deuda debe ser como mínimo de un millón de bolívares. Envían la primera citación en donde se invita al moroso[2] a visitar la oficina del "Dr. Diablo" para renegociar la deuda. Si no se presenta, a las 72 horas le envían la segunda citación. Si tampoco ahora viene, tres días más tarde, va el diablo a buscarlo personalmente.

El comando incluye una sexy diablita, un abogado, el chofer, un perro danés y por supuesto, al "Diablo" en persona con sus guardaespaldas. Todos van en una camioneta Chevrolet de 1954, no muy discreta por cierto, hasta el domicilio del deudor a recordarle que tiene una deuda y cantarle canciones. Los vecinos y todos los chicos del barrio participan de "la fiesta espontánea". Por supuesto no faltan las cámaras de la televisión. Si el cliente es lo bastante importante, transmiten el espectáculo en todo el país. Por eso, los que conocen el método van rápido a pagar, según Herrera, en el 85 % de los casos. Mucha gente ha querido franquiciar esta idea, pero su dueño se niega, porque "Diablo, sólo hay uno".

Fuentes: *Dinero* n° 168, de Venezuela, *La Voz* del 29 nov. 2005 y de *Der Spiegel* N° 48/2005

1 deudor/a: Schuldner/in – 2 moroso/-a: säumig

17 Segunda reclamación

Escriba una reclamación por falta de pago.

Usted ha suministrado tecnología de punta a una empresa petrolera de Caracas. Ha llamado para recordarles la fecha de pago y escrito una carta monitoria. Escríbales otra vez y comuníqueles las medidas que tomará en caso de incumplimiento.

Petroleos del Norte S.A.
Avenida Costanera, 133
Caracas
Venezuela

(fecha)

Reclamación de pago

Estimados Señores:

18 Contestación a la reclamación

Escriba la contestación del cliente.

Pida disculpas. Explique el motivo del retraso. Prometa pagar dentro de ...
Exprese su deseo de pasar nuevos pedidos ya que está satisfecho/-a con la calidad de los productos.

Panel profesional

Reclamar	Reklamieren
Quisiera saber qué pasa con ...	Ich würde gern wissen, was mit ... los ist.
Yo confirmé la orden el mismo día y la pasé a ...	Ich habe den Auftrag noch am selben Tag bestätigt und an ... weitergeleitet.
Nos habían prometido la ejecución inmediata.	Sie hatten uns die sofortige Erledigung versprochen.
¿Y para cuándo podemos contar con ...?	Und wann können wir mit ... rechnen?
Para la semana que viene. A más tardar ...	Nächste Woche. Spätestens ...
Espero que esta vez no haya inconvenientes.	Ich hoffe, diesmal gibt es keine Hindernisse.
Si no hubiera sido por ..., ya habrían llegado.	Wenn der/die/das ... nicht gewesen wäre, wären sie schon hier.
Si yo lo hubiera sabido, no habría ...	Wenn ich das gewusst hätte, hätte ich nicht ...
No tendríamos que haber cancelado ...	Wir hätten ... nicht aufkündigen/abbrechen sollen.
Habría sido mejor para todos.	Das wäre für alle besser gewesen.

Lección 14 La gran fusión

VOCABULARIO Y FRASEOLOGÍA

1 ¿Qué conceptos son?

Marque con una cruz.

	militar	político	económico
representante		X	X
partido			
gobierno			
presidente/-a			
ministro/-a			
secretario/-a			
frontera			
expansión			
presión			
guerra			
lucha			
hostil			

El lanzamiento de Clickair desata una guerra de ofertas entre las aerolíneas de bajo coste

La presidenta de Hewlett-Packard dimite por el escándalo del espionaje a consejeros

Un juez fuerza el cese del primer ejecutivo de Bristol-Myers por malas prácticas comerciales

2 ¿Qué se puede hacer?

Ponga el verbo correspondiente a cada grupo.

solicitar lanzar tragar/se

1. ____________: una OPA – una campaña publicitaria – un nuevo producto
2. ____________: a una empresa – a la competencia – un caramelo
3. ____________: un crédito – una subvención – un empleo

3 Conceptos compuestos

Una los conceptos. ¿Dónde es necesario el artículo? ¿Y dónde no?

1. los planes	los puestos de trabajo	____________
2. la guerra	el año	____________
3. la pérdida	las negociaciones	____________
4. la lucha	la expansión	los planes de expansión
5. el fin	los precios	____________
6. oferta	la compañía	____________
7. el presidente	los gigantes	____________
8. los resultados	la adquisición	____________

4 Sinónimos y antónimos

Relacione con = ó ≠ según el caso.

1. alianzas ____ fusiones
2. causas ____ consecuencias
3. daños ____ perjuicios
4. amistoso ____ hostil

5 Preposiciones

Complete con las preposiciones que faltan.

1. fijarse ________ los precios
2. hacer algo ________ tiempo
3. participar ________ un concurso
4. involucrar ________ (e)l personal
5. luchar ________ sobrevivir
6. comprar algo ________ 100 euros

6 "Con nombre y apellido"

Relacione cada sustantivo con un adjetivo.

la responsabilidad 1	a exclusivo
el procedimiento 2	b confidencial
el representante 3	c social
la información 4	d patentado

7 Todos de la mano

1 Busque uno o más sustantivos para cada verbo.

los pormenores · nuevas ideas · la fusión · condiciones · dolores de cabeza · problemas · sinergias · el mercado · información

1. obtener información, condiciones favorables
2. desarrollar ________
3. estudiar ________
4. imponer ________
5. confirmar ________
6. ahorrarse ________

2 Busque los verbos que concuerdan con estos sustantivos.

tragarse · tomar · evitar · lanzar · quitar · dar

1. ________ medidas
2. ________ resultados
3. ________ una OPA
4. ________ a un cliente
5. ________ una empresa
6. ________ problemas

GRAMÁTICA

8 La voz pasiva

Complete con el participio que falta.

1. La factura todavía no ha sido ________________. (pagar)
2. Las tiendas serán ________________ por un interiorista. (decorar)
3. La empresa fue ________________ en 1999. (fundar)
4. Todos los proyectos fueron ________________. (rechazar)
5. Las flores han sido ________________ del quiosco. (robar)

9 De pasiva a activa

Transforme las frases como en el ejemplo. ¡El tiempo del verbo debe ser el mismo!

Ejemplo: Los rumores fueron desmentidos por la prensa. → La prensa desmintió los rumores.

1. El nuevo proyecto ha sido muy criticado por los estudiantes.
2. Los documentos son firmados por el secretario de la compañía.
3. La estación será cerrada por la policía por razones de seguridad.
4. Los productos han sido vendidos por un consorcio ilegal.
5. El plan fue descubierto por la policía.

10 De activa a pasiva

Transforme las frases como en el ejemplo. ¡Cuidado! El tiempo del verbo debe ser el mismo.

Ejemplo: El personal ha preparado la sala de fiesta. → La sala de fiesta ha sido preparada por el personal.

1. Las secretarias recibirán a los invitados.
2. El Sr. Reyes ha invitado a todos sus clientes.
3. Durante la fiesta Mario anunciará la boda con Jimena.
4. Un diseñador francés diseñó el vestido de la novia.
5. Un amigo de la familia envió las flores desde Israel.

11 La mesa está reservada.

Complete con las formas del verbo *estar* y la terminación del participio correspondiente.

1. Todas las mesas ________________ muy bien decorad____.
2. La terraza grande ________________ reservad____ para la familia.
3. Los camareros ________________ muy ocupad____.
4. Los regalos ________________ expuest____ al fondo.

12 Frases impersonales

Complete las frases impersonales.

se	uno	hay que	dicen que

1. ____________ vende esta casa.
2. ____________ comparar precios.
3. ____________ mañana va a llover.
4. ____________ nunca sabe.
5. ____________ pensar en todo.
6. ____________ llevar el paraguas.
7. ____________ venden huevos frescos.
8. ____________ alquilan bicicletas.
9. ____________ debe leer la letra pequeña.
10. ____________ pagar con tarjeta de crédito.

13 La gran fusión

Traduzca las frases. Utilice los verbos indicados en voz pasiva, si es posible.

La fusión

Die Fusion ist seit langem geplant worden. ____________ (planear)

Die Verhandlungen sind mehrmals unterbrochen worden. ____________ (interrumpir)

Jetzt ist der Kooperationsvertrag unterschrieben worden. ____________ (firmar)

Die Details sind noch nicht bekannt gegeben worden. ____________ (dar a conocer)

Los antecedentes

Beide Firmen sind vor kurzem umstrukturiert worden. ____________ (reestructurar)

Viele Mitarbeiter sind entlassen worden. ____________ (despedir)

Die Produktion wurde völlig rationalisiert. ____________ (racionalizar)

Neue Produkte wurden konzipiert. ____________ (desarrollar)

Las consecuencias

Die Produkte werden in Zukunft zusammen vertrieben. ____________ (distribuir/comercializar)

Das Logo wird neu entworfen werden. ____________ (diseñar)

Die Verwaltung muss schneller werden. ____________ (ser)

Der Sitz in Barcelona wird geschlossen werden müssen. ____________ (cerrar)

14 ¿Cuándo? ¿Desde cuándo?

1 Complete.

hace (3x)	desde que (2x)	desde cuándo	cuándo

A ¿Qué hace Clara? ______ mucho que no la veo.

B ¿Clara? Vive en Bellavista ______ está con Carlos.

A ¡Ah, no sabía que estaba con Carlos! ¿______ están juntos?

B ______ él dejó a Cristina.

A Comprendo. ¿Y ______ fue eso?

B Ya ______ mucho, no sé, quizás ______ seis meses.

2 Complete.

desde cuándo	desde (2x)	desde hace	desde que	desde entonces (2x)	hace

A ¡Hola Juan! ¿______ estáis aquí?

B ______ esta mañana. Y ______ no he comido nada.

A Yo tampoco y ______ he dejado de fumar, siempre tengo hambre.

B Espero a Carmen ______ media hora.

A ¡Oh! Yo ______ mucho que no la veo.

B Pues claro. Vive en Cádiz ______ el verano y ______ no la he vuelto a ver.

COMUNICACIÓN

15 ¿Ha sido suministrada la mercancía?

Traduzca el diálogo. Usted decide qué utilizar, activa, pasiva o expresiones impersonales.

A Die Waren sind in schlechtem Zustand ausgeliefert worden.
B Von wem wurden sie ausgeliefert?
A Von der Firma Lamsa. Sie haben sie mit dem LKW gebracht.
B Haben sie die Papiere?
A Ja, aber sie sind nicht unterschrieben!
B Dann muss die Bestellung auf jeden Fall reklamiert werden.
A Klar, es wird nicht bezahlt, bis die Sache geregelt ist.
B Mensch, man muss immer alles kontrollieren.
A Ja, ja, Vertrauen ist gut, aber Kontrolle ist besser.

16 Temas de nuestro tiempo

Usted ha sido elegido/-a para hacerle una encuesta. Conteste detalladamente.

Esta es una encuesta sobre un fenómeno moderno. Le rogamos darnos su opinión personal.
Sus datos serán tratados con discreción. ¡No firme la encuesta! Gracias de antemano.
Para fines estadísticos necesitamos su

Sexo: ________ Edad: ________ Profesión: ____________ Nacionalidad: ____________

- ¿Cuáles son las principales causas del estrés laboral?
- ¿Cuáles son las consecuencias más graves?
- ¿Por qué cree que hay cada vez más gente estresada?
- ¿Qué hace usted para "desestresarse"?

17 Un estudio de mercado

Usted ha hecho un estudio de mercado sobre la introducción de la horchata en su país. Redacte el informe final.

¿Sería posible introducirla? ¿Para qué grupo meta? ¿Dónde se podría venderla? ¿Cómo habría que presentarla?

LECTURA Y REDACCIÓN

Crecen los ositos de goma

Haribo amplía su fábrica y sus puntos de venta

Los legendarios ositos de gelatina conquistan nuevos mercados. Desde que el fundador de la empresa Haribo, el alemán Hans Riegel Bonn, sacó al mercado el oso bailarín a mediados del siglo pasado, el grupo Haribo no ha parado de crecer. En la actualidad cuenta con 19 fabricas y una multitud de empresas comerciales repartidas por todo el mundo. Pero la historia no termina ahí. La filial española del grupo Haribo, líder mundial de los caramelos de gelatina, ha hecho recientemente grandes inversiones en la ampliación de su fábricas en Girona, inaugurada en 1995. La ampliación de la planta, hasta ahora dedicada exclusivamente a los ositos de goma, ha permitido abrir nuevas líneas de producción de regaliz y de jaleas dulces. Estos productos empiezan a estar presentes en los supermercados y la empresa quiere introducirse durante este año en el 85% de las grandes distribuidoras de alimentación.

Haribo España busca nuevos canales de distribución a través de las grandes superficies. Las farmacias son otro de sus objetivos. En Cataluña estarán presentes en 3.300 establecimientos. La expansión tiene como objetivo llegar a 17.000 farmacias españolas. Haribo España prevé alcanzar los 60 millones de euros en dos años. Mientras que un consumidor alemán o francés come entre seis y diez kilos de golosinas al año, un español no pasa de los 2,5 kilos. Los productores de caramelos deben luchar contra la creencia de que los dulces son poco saludables. El clima cálido tampoco beneficia las ventas. Además, los productos en bolsitas cerradas tienen dificultades para competir ante la costumbre de los españoles de llenar una bolsita con diferentes productos de su propia elección. Sin embargo, los estudios prevén un incremento del mercado de los caramelos en general que podría llegar al 5%. El consumo anual de caramelos se sitúa actualmente en las 100.000 toneladas, con un valor de 1.000 millones de euros.

La especialización también abre mercados. El director de Haribo España, Ferran Juncá, destaca la creciente demanda de un producto destinado a la comunidad judía. Se trata del caramelo kosher, un producto de gelatina cuya composición y elaboración debe ser supervisada por un rabino. La factoría de Girona es la única productora mundial de caramelos de gelatina kosher. Estados Unidos, Canadá, Bélgica, Israel y Francia son los destinatarios de la mayoría de estas exportaciones.

Fuente: EP.EMPRESAS, 3.3.2002, texto adaptado

18 Informe

1 Complete el formulario.

Fundador:	Desde:
Sector:	Distribución:
Productos:	Previsiones:
Plantas de producción:	Nuevos productos:
Lugar que ocupa en el mercado:	Grupo meta:
En España producción en:	

2 Opine. ¿Qué piensa usted?

¿Es verdad que las golosinas son poco saludables? ¿De qué depende? ¿Es sólo un prejuicio? (Vorurteil)
¿Cómo es la situación en su país?

19 Presentación de producto

Usted tiene que presentar un producto en la feria. Prepare un texto describiéndolo. ¡Hágale propaganda!

Panel profesional

Fusionar – ¿o no?	Fusionieren oder nicht?
Los consumidores se fijan cada vez más en los precios.	Die Konsumenten achten immer häufiger auf die Preise. / Die Konsumenten werden immer preisbewusster.
Si no hacemos algo a tiempo, nos tragan seguro.	Wenn wir nichts unternehmen, schlucken sie uns sicher.
La pérdida de puestos de trabajo es sólo cuestión de tiempo.	Der Verlust von Arbeitsplätzen ist nur eine Zeitfrage.
Por eso mismo nos fusionamos.	Deshalb fusionieren wir. / Deshalb gehen wir zusammen.
Tenemos una responsabilidad social muy grande.	Wir tragen eine sehr große Verantwortung.
Lástima que no todos piensen así.	Leider denken nicht alle so.
Sólo buscan el máximo provecho.	Sie suchen nur den größtmöglichen Vorteil.
Bueno, uno/-a hace lo que puede, ¿no?	Na ja, man tut, was man kann, nicht wahr?
Si yo pudiera, lo/la haría fijo/-a, pero ya sabe, ¡tengo que consultarlo!	Wenn ich könnte, würde ich Sie fest anstellen, aber Sie wissen ja, ich muss erst (die anderen) fragen.
¡Para usted tampoco es cosa fácil!	Für Sie ist es ja auch nicht leicht!
¡Una fusión no es fácil para nadie!	Ein Fusion ist für niemanden leicht!
Hay que replantearlo todo.	Man muss alles überdenken.
El estrés es inevitable, supongo.	Der Stress ist wohl unvermeidlich.
Dicen que a menudo hay rivalidades entre el personal.	Man sagt, es gebe oft Reibereien unter dem Personal.
Incluso he oído hablar de mobbing.	Ich habe sogar schon von Mobbing gehört.
Tenemos que hacer algo para evitar problemas.	Wir müssen etwas unternehmen, um Probleme zu vermeiden.
Hay varias propuestas.	Es liegen mehrere Vorschläge vor.
Hay que involucrar al personal.	Man muss das Personal / die Belegschaft beteiligen.
Pues sí, tiene razón. Lo voy a pensar.	Da haben Sie Recht. Ich werde es mir überlegen.

Lección 15 Una gran recepción

VOCABULARIO Y FRASEOLOGÍA

1 ¡No necesita estar perfecto!

Usted tiene que hacer una ponencia. El organizador no habla ninguno de los idiomas que usted habla.

1 Haga un dibujo rápido para explicarle lo que necesita.

~~ordenador portátil~~ – una mesa – rotuladores – un enchufe – pantalla de proyección – DVDs – fichas – un panel – bolígrafos – un ratón

2 Explíquele con otro dibujo cómo quiere los asientos.

en círculo – en semicírculo – en fila – en ...

2 Pequeñas palabras

Relacione las expresiones correctas.

por lo cual 1	a laut
al parecer 2	b weshalb
según 3	c anscheinend
de inmediato 4	d jedesmal mehr
incluso 5	e sofort
por fin 6	f endlich
cada vez más 7	g schließlich
al fin 8	h sogar

3 "De la mano"

Relacione verbos y sustantivos.

dirigir unas 1	a aplausos
celebrar un 2	b palabras
recibir 3	c acontecimiento
aprovechar la 4	d confianza
expresar 5	e oportunidad
depositar su 6	f agradecimiento
unir 7	g un proyecto
poner en marcha 8	h esfuerzos

4 La competencia no duerme.

Complete con las preposiciones que faltan.

a	ante	~~bajo~~	con	contra	de	desde	en	entre	hacia
	hasta	para	por	sin	según	sobre			

Hoy es el aniversario de nuestra fundación, ____________ este motivo vamos a festejar, aunque para reaccionar ____________ la nueva situación internacional hemos tenido que reducir personal.

Hemos discutido mucho ____________ los expertos y asesores ____________ ese punto, pero ____________ ellos no había otra solución. El Dr. Sancho y la Licenciada Casavieja se encuentran ____________ nosotros y están dispuestos a contestar todas las preguntas.

Ahora, nuestra compañía está preparada ____________ competir en un mundo globalizado y luchar con éxito ____________ las nuevas dificultades. Podemos reaccionar rápido ____________ las necesidades ____________ un mercado cambiante.

En primer lugar, vamos a brindar ____________ nuestra querida Paquita bajo ____________ cuya "mano fuerte" hemos tenido tanto éxito ____________ un principio y ____________ hace pocos meses.

A continuación, vamos a despedir ____________ quiénes lamentablemente nos tienen que dejar.

Mil gracias al equipo, ____________ cuya incondicional ayuda no habríamos dado este salto. Reciban este pequeño reconocimiento ____________ sus servicios.

Confiamos ____________ que todos ustedes encuentren otro trabajo. Y esperamos mantenernos en contacto, vayan ____________ dónde vayan. ¡Un gran aplauso ____________ todos!

5 Llegar – un verbo multitalento

Relacione.

llegar ...

tarde	1	a	Chef werden
a jefe	2	b	sich einig werden
a la hora	3	c	gut ankommen
bien	4	d	pünktlich sein / ankommen
a un acuerdo	5	e	zu dem Schluss kommen, dass
a la conclusión de que	6	f	zu spät kommen

GRAMÁTICA

6 Pronombres relativos

1 Complete las frases con ...

que (2x)	de la que	quien	de quien	a quienes	por lo cual	a la que

1. Cada vez es más importante la formación, ____________ hemos decidido hacer un curso.
2. El curso ____________ hemos elegido empieza mañana.
3. La empresa, ____________ todos hablan, ha cerrado.
4. La fiesta, ____________ todos están invitados, se celebra en el club de golf.
5. Quiero saludar especialmente ____________ han tenido a su cargo la organización.
6. Les presento a Esmeralda, ____________ será la moderadora de la fiesta.
7. El chico ____________ te había hablado, no ha venido.
8. El problema, ____________ discutimos el otro día, ya está solucionado.

2 Complete las frases con *cuyo/cuya*, *cuyos/cuyas*.

1. La empresa, ____________ materias primas compramos regularmente, tiene grandes dificultades.
2. La cadena de supermercados VIVO, ____________ jefe de compras nos ha visitado, tiene 80 filiales.
3. Los nuevos productos, ____________ presentación es excelente, se venden muy bien.
4. Las máquinas, ____________ fotos exhibimos en el stand, son de una empresa que colabora con nosotros.
5. El método aplicado, ____________ resultados han sido excelentes, es totalmente nuevo.
6. Las sillas, ____________ altura se regula automáticamente, son excelentes.

7 ¿Qué les aconseja el auditor?

Ponga las palabras del auditor en estilo indirecto.

Ejemplo: "Hay que externalizar la producción." → El auditor les recomienda que externalicen la producción.

1. "Hay que concentrarse en lo fundamental." El auditor les recomienda que ____________.
2. "Hay que deshacerse de lo secundario." El auditor les aconseja que ____________.
3. "Hay que encargar la producción a un tercero." El auditor les dice que ____________.
4. "Hay que trabajar con una empresa integrada." El auditor les da la idea de que ____________.

8 Preparando una ponencia

Usted está preparando una ponencia con un amigo. Un colega con mucha experiencia les da consejos.

Ejemplo: Tengan en cuenta a quiénes va dirigida su ponencia. → El colega dice que tengamos en cuenta ...

1. Concéntrense en lo principal. ________________
2. Estructuren su ponencia con claridad. ________________
3. Hagan una lista que les sirva de guía. ________________
4. Recuerden que es importante visualizar la información. ________________
5. Traten de involucrar al público. ________________
6. Sonrían para ganarse la simpatía del público. ________________
7. No empiecen por Adán y Eva. ________________
8. No sean demasiado serio/-a(s). ________________
9. Hagan pausas para mantener la atención. ________________
10. No se excedan en el tiempo. ________________

9 Cuestión de moda

Cuente lo que dice una ex-colega en la fiesta. Ponga sus palabras en estilo indirecto. Escriba en su cuaderno.

"Estoy muy contenta en la nueva empresa. Siempre había tenido el deseo de trabajar allí. Hice un curso de tres semanas en París. Después viajé a Austria y a Italia. El año que viene voy a ir a Holanda, a Bélgica y a Alemania. Me encantaría viajar también a Rusia, pero por ahora no será posible. Lo que me gustaba de la empresa Torres era que nos conocíamos todos y el clima de trabajo era fantástico. En la nueva empresa hay mucho estrés. La presión de tiempo es muy grande, porque tenemos que lanzar una colección tras otra. Ya sabéis, es todo cuestión de moda. Cuando estéis en Barcelona, visitadme un día. Os voy a mostrar los modelos más bonitos y podréis comprarlos con descuento."

La ex-colega dijo que estaba contenta en la nueva empresa, que siempre ...

10 Estilo indirecto

Ponga las frases en estilo indirecto.

1. Hazme el favor de llamarme a las seis. Me pidió que le hiciera el favor de llamarlo ________.
2. Rellene el formulario y firme abajo. Me pidió que ________________.
3. Controlad todo antes de salir. Recomendó que ________________.
4. No os olvidéis de nada. Nos pidió que ________________.
5. Escriban sus nombres en todos los CDs. Recomendó que ________________.

11 ¿Qué errores cometen?

Mire el dibujo de la fiesta y comente qué hacen mal los participantes.

llegar tarde	beber demasiado	estar vestido/-a de forma muy provocativa
tomar demasiado comida del bufé	hablar demasiado alto	no prestar atención al vaso
fumar donde no está permitido	flirtear "agresivamente"	quitarse los zapatos
dar la mano mirando para otro lado	no escuchar con atención	jugar con la corbata (nervioso) ...

Ejemplo: Parece que Pablo ha bebido demasiado porque flirtea de un modo que llama la atención.

12 Usted es el moderador / la moderadora.

Relacione. ¿Qué dice usted para ...

... saludar al público? 1
... que la gente lo escuche? 2
... presentar al / a la conferenciante? 3
... que el/la conferenciante empiece a hablar? 4
... terminar una presentación? 5
... agradecer y despedir al público? 6

a Usted tiene la palabra.
b Nada más, señoras y señores.
c Les ruego un momento de silencio. ¡Atención, por favor!
d Tengo mucho gusto en saludar al distinguido público.
e Quiero presentarles al señor / a la señora ...
f Muchas gracias por su atención.

LECTURA Y REDACCIÓN

13 Comercio justo

1 Lea el artículo.

Miles de familias campesinas en México no pueden vivir de lo que producen, debido a la competencia de las importaciones baratas de alimentos que llegan al país subvencionadas. El precio pagado por los bienes que ofrecen no cubre ni siquiera la inversión en semillas y fertilizantes. Por otra parte, para los pequeños productores resulta difícil entrar en los mercados. Muchos dependen de intermediarios. Los trabajadores de las plantaciones tienen que aceptar sueldos bajos y condiciones de trabajo muy inseguras. Tampoco tienen libertad para organizarse en sindicatos. El mercado del café está dominado por grandes consorcios trasnacionales, como Nestlé. Una caída en los precios, afecta directamente el nivel de vida de los campesinos.

En los años 80, tras una crisis de precios del café, la Unión de Comunidades Indígenas Mexicana logró una alianza con la agrupación holandesa, "Solidaridad con Latinoamérica", para comercializar café mexicano a través de canales alternativos. El café ya no es el único producto. La red de Comercio Justo se ha extendido a la oferta de miel, frutos, vinos e incluso cerveza. Son todos productos de alta calidad, en cuyo cultivo se cuidó de proteger el ambiente.

"El comercio justo trata de establecer una relación comercial transparente y de respeto mutuo, que asegura los derechos de los productores y trabajadores marginados en los países en vías de desarrollo", señala la Fundación de Organizaciones del Sello de Comercio Justo (FLO, por sus siglas en inglés), que tiene su sede en Alemania. El dinero obtenido por la venta de estos productos permite a los productores recuperar los costos, recibir una remuneración por su trabajo y lograr recursos para llevar a cabo proyectos de desarrollo regionales. El año pasado el precio por cada saco de 100 libras (45 kilos) de café en el mercado tradicional fue de 72 dólares. A través de las redes de comercio justo, el precio pagado a los productores mexicanos fue de 125 dólares e incluso de 140 dólares por saco de 100 libras, si tenía certificación.

Fuente: La Jornada, México, 20. 07. 2005, texto adaptado

2 Informe sobre:

- la situación de los campesinos
- el mercado internacional del café
- el Comercio Justo

3 **Infórmese sobre uno de estos productos y escriba un informe.**

azúcar – carne – algodón – plátanos – cacao – maíz

Una megapresentación

1 Lea el artículo e informe a sus colegas.

Hacia la megapresentación

Un videoproyector, una pizarra digital, un portadocumentos, una pantalla de proyección, un monitor de televisión y unos altavoces … ¡en un solo aparato! Eso es el Wall Display que ha lanzado al mercado 3M. El aparato consiste en una pantalla interactiva que se puede conectar a cualquier dispositivo multimedia. Una vez en marcha, la pantalla permite guardar las notas tomadas sobre ella, imprimir las imágenes proyectadas o accionar una presentación mediante interfaz táctil.

Fuente: Cortesía de MUY INTERESANTE, N° 254, julio 2002

2 ¿De qué se trata? ¿Cree que vale la pena? ¿Para quién? ¿Qué ventajas tiene? ¿Cuál es el problema?

Panel profesional

Siempre hay algo que celebrar.	Es gibt immer einen Grund zum Feiern.
Con este motivo se celebra una fiesta.	Aus diesem Anlass wird ein Fest veranstaltet/gefeiert.
El Sr. ... dirige unas palabras al público.	Herr ... richtet einige Worte an das Publikum / die Anwesenden.
Quisiera saludarlos en nombre de la empresa y en el mío y agradecerles que hayan venido de cerca y de lejos a celebrar con nosotros este grato acontecimiento.	Ich möchte Sie im Namen des Unternehmens und in meinem eigenen begrüßen und Ihnen danken, dass Sie von nah und fern heute hierher gekommen sind, um mit uns dieses wichtige Ereignis zu feiern.
Quisiera aprovechar la oportunidad para expresar nuestro agradecimiento a quienes han depositado su confianza en nosotros durante tanto tiempo.	Ich möchte die Gelegenheit nutzen, um unserem Dank an all jene Ausdruck zu geben, die uns über lange Jahre hinweg ihr Vertrauen bewiesen haben.
Me alegra compartir estos momentos con todos ustedes.	Ich freue mich, diesen Augenblick mit Ihnen teilen zu dürfen.
Brindemos juntos por la futura colaboración.	Lassen Sie uns auf unsere zukünftige Zusammenarbeit anstoßen.
¡Salud, señoras y señores!	Prost / Auf Ihr Wohl, meine Damen und Herren!
¡Mil gracias y un gran aplauso para todos!	Tausend Dank und einen kräftigen Applaus für alle!
Les ruego un momento de atención.	Ich bitte Sie einen Augenblick um Ihre Aufmerksamkeit.
Como todos ustedes bien saben ...	Wie Sie alle wissen, ...
Ahora quiero presentarles al Sr. ...	Hier stelle ich Ihnen Herrn ... vor.
Don Graciano, usted tiene la palabra.	Don Graciano, Sie haben das Wort.
Puedo decir que hoy es un día de fiesta para todos nosotros.	Ich darf sagen, dass heute ein großer Tag der Freude für uns alle ist.
Nuestra compañía evolucionó mucho.	Unser Unternehmen hat sich sehr gewandelt.
Ya estamos preparados para dar el salto.	Wir sind bereit für den Sprung nach vorn.
Hemos hecho nuestros deberes.	Wir haben unsere Hausaufgaben gemacht.
Cambiamos el concepto de producción por el de servicio.	Statt der Produktion steht nun der Dienst am Kunden im Mittelpunkt.
Nos han elegido para llevar a cabo una alianza.	Es obliegt uns dieses Bündnis in die Tat umzusetzen.
La fusión se desarrollará gradualmente.	Die Fusion wird schrittweise vollzogen (werden).
Podemos mirar el futuro con optimismo.	Wir können der Zukunft mit Optimismus entgegensehen.
Juntos podemos decir: ¡El futuro es nuestro!	Wir können gemeinsam ausrufen: Uns gehört die Zukunft!

Gramática

Inhaltsverzeichnis

Gramática

1 Substantiv und Artikel

1 Das Substantiv

Im Spanischen gibt es zwei grammatische Geschlechter: maskulin (männlich) und feminin (weiblich).

	männlich	weiblich
Singular	el señor	la señora
	el caballo	la fábrica
Plural	los señores	las señoras
	los caballos	las fábricas

Der Plural endet immer auf -s; nach Vokal: -s, nach Konsonant: -es. Die Endung -o ist meist männlich, die Endung -a meist weiblich. Aber es gibt Ausnahmen, z. B.: el día, el tema, el problema, el colega; la foto, la radio; el/la turista, el/la taxista.

2 Die Verkleinerungsform des Substantivs

Substantiv	+ -ito/-ita	Substantiv	+ -ito/-ita
un momento	un momentito	unos amigos	unos amiguitos !
una casa	una casita	unas niñas	unas niñitas

Die Verkleinerungsformen (Diminutive) sind vor allem in der Umgangssprache sehr beliebt.
Achtung: Manchmal verändert sich die Schreibweise, aber anders als im Deutschen bleibt das Geschlecht gleich.

3 Der Artikel

	bestimmt		unbestimmt	
Singular	el coche	la fábrica	un cliente	una carta
Plural	los coches	las fábricas	unos clientes	unas cartas

Mit der Präposition de wird der bestimmte Artikel el zu del, mit a zu al: el maletín del cliente; ir al colegio.
Gebrauch von unos/unas:
vor Substantiv: einige – unas señoras = einige Frauen
vor Mengenangaben: ungefähr – unos 12 kilos = ca. 12 Kilo

4 Uno/-a, otro/-a

Uno (de los depósitos) es para el azúcar.	El otro es para el cacao.
Una (de las fábricas) es nueva.	La otra es vieja.
Unos (clientes) son españoles.	Los otros no.
Unas (máquinas) son modernas.	Las otras son antiguas.

unos/unas	etwa, ca.	unos 3.000 euros	etwa 3.000 Euro
entre	zwischen	entre siete y ocho toneladas	zwischen sieben und acht Tonnen

Uno/-a und otro/-a passen sich dem Substantiv an.
Achtung: otro/-a nie mit un/una kombinieren: Otro coche heißt schon „ein anderes Auto".
Vor Zahlen geben unos/unas oder entre eine ungefähre Menge an.

5 Der unbestimmte Artikel *lo*

das + substantiviertes Adjektiv:	**Lo** interesante es hablar con la gente.	Das Interessante ist ...
	Lo mejor es que la empresa paga el hotel.	Das Beste ist, dass ...
	Lo más divertido es ir a la playa.	Es macht am meisten Spaß ...
als adverbiale Verstärkung:	Va a venir **lo** antes posible.	Sie kommt so früh wie möglich.
Relativpronomen: (das), was:	No sé **lo** que voy a hacer.	Ich weiß nicht, was ich machen werde.
Pronomen „es“:	**Lo** siento.	Es tut mir Leid.

2 Pronomen und Begleiter

1 Subjektpronomen

Singular	**yo**	ich
	tú	du
	él/ella/usted	er/sie/Sie
Plural	**nosotros/-as**	wir
	vosotros/-as	ihr
	ellos/ellas/ustedes	sie/Sie

Usted/Ustedes

3. Person Singular	**Usted** es muy amable.
3. Person Plural	**Ustedes** son muy amables.

Im Spanischen richtet sich die Höflichkeitsform danach, ob man sich an eine oder mehrere Personen wendet.

2 Objektpronomen

Direkte Objektpronomen

El azúcar, **lo** importan.	Den Zucker, den importiert man.	Quieren importar**lo**.
Los productos, **los** conozco.	Die Produkte, die kenne ich.	Acabo de conocer**los**.
La leche, **la** compra en ...	Die Milch, die kauft er in ...	Prefiere comprar**la** en ...
Las materias primas, **las** importa.	Die Rohstoffe, die importiert er.	Tiene que importar**las**.

Wenn das Objekt vor dem Verb steht, muss man es im Spanischen mit Hilfe des Pronomens verdoppeln:

La leche, **la** compra en Holanda.	Die Milch, die kauft er in Holland.

Die Verneinung setzt man vor das Pronomen:

(Él) no **la** compra.	Er kauft sie nicht.

Bei Personen wird in Spanien oft lo zu le und los zu les:

Conoce al señor García.	**Lo/Le** conoce.	**Lo/Le** acaba de conocer.
Conoce a los clientes.	**Los/Les** conoce.	Acaba de conocer**los/les**.

Indirekte Objektpronomen

betont	unbetont	
a mí	me	mir
a ti	te	dir
a él/ella/usted	le	ihm/ihr/Ihnen
a nosotros/-as	nos	uns
a vosotros/-as	os	euch
a ellos/ellas/ustedes	les	ihnen/Ihnen

Es gibt für jede Person jeweils ein betontes und ein unbetontes Objektpronomen. Das unbetonte steht immer mit dem Verb, das betonte steht allein oder vor dem unbetonten als Verstärkung:

¿**A ti te** gusta viajar sola?	Reist du gern allein?

Oft verdoppelt man die indirekten Objektpronomen.

¿Qué **te** parece **a ti**?	Was meinst du?

Stehen die Objektpronomen ohne Verb, benutzt man die betonten Formen.

A mí me gusta el fútbol. ¿Y **a ti**? – **A mí** también.	Ich mag Fußball, und du? – Ich auch.

Wenn zwei Pronomen in einem Satz zusammentreffen, steht das direkte Pronomen nach dem indirekten.

Firmo el contrato.	Ich unterschreibe den Vertrag.	**Lo** firmo.	Ich unterschreibe ihn.

Die indirekten Pronomen **le/les** werden vor **la, las, lo, los** durch **se** ersetzt.

Le mando un plano.	Ich schicke Ihnen einen Plan.	**Se lo** mando enseguida.	Ich schicke ihn Ihnen sofort.

Stellung der Pronomen im Satz

Im Normalfall stehen die Objektpronomen vor dem konjugierten Verb.

¿**La** conocen ustedes?	Kennen Sie sie?

Bei Konstruktionen mit Infinitiv oder **gerundio** können die Pronomen angehängt werden.

¿**Me lo** puede reservar? / ¿Puede reservár**melo**?	Können Sie es mir reservieren?
Se lo estoy explicando. / Estoy explicándo**selo**.	Ich erkläre es ihr/ihm/ihnen gerade.

Beim bejahten Imperativ müssen sie immer angehängt werden.

Reserve**me** el hotel.	Resérve**melo**.	Reservieren Sie es mir.
Dále las llaves.	Dá**selas**.	Gib sie ihr/ihm.

3 Reflexivpronomen

me	mich
te	dich
se	sich
nos	uns
os	euch
se	sich

Die Reflexivpronomen stehen vor dem konjugierten Verb. Wenn es einen Infinitiv im Satz gibt, können sie auch an diesen angehängt werden. Es wird nicht zwischen Dativ und Akkusativ unterschieden.

¿No **te** lavas las manos? – **Me** acabo de duchar. / Acabo de duchar**me**.

4 Possessivbegleiter und -pronomen

Possessivbegleiter

mi	**mis**	mein/e
tu	**tus**	dein/e
su	**sus**	sein/e, ihr/e, Ihr/e
nuestro/-a	**nuestros/-as**	unser/e
vuestro/-a	**vuestros/-as**	euer/eure
su	**sus**	ihr/e, Ihr/e

Das betonte Possessivpronomen

mío/-a/-os/-as	meine/r/s
tuyo/-a/-os/-as	deine/r/s
suyo/-a/-os/-as	seine/r/s, ihre/r/s
nuestro/-a/-os/-as	unsere/r/s
vuestro/-a/-os/-as	eure/r / euers
suyo/-a/-os/-as	ihre/r/s

Das betonte Possessivpronomen steht nach dem Substantiv, auf das es sich bezieht. Wenn es anstelle eines Substantivs gebraucht wird, steht es mit dem bestimmten Artikel.

Possessivbegleiter	Nach Substantiv	Statt Substantiv
¿No es **su** perro?	No, el perro no es **mío**.	**El mío** es negro.
Ist das nicht Ihr Hund?	Nein, dieser Hund gehört nicht mir.	Meiner ist schwarz.

5 Demonstrativbegleiter

Je nach Entfernung vom Sprechenden gibt es drei Demonstrativbegleiter, die immer bei einem Substantiv stehen.

aquí (hier, in der Nähe)	ahí (da, etwas weiter)	allí (dort, weiter entfernt)
este modelo (dieses Modell hier)	**ese** modelo (dieses Modell da)	**aquel** modelo (jenes Modell dort)
esta marca	**esa** marca	**aquella** marca
estos modelos	**esos** modelos	**aquellos** modelos
estas marcas	**esas** marcas	**aquellas** marcas

Die Demonstrativpronomen haben die gleichen Formen, tragen aber einen Akzent.

¿Cuál es tu coche? ¿**Éste**, **ése** o **aquél**? | Welcher ist dein Wagen, dieser hier, der da oder der da hinten?

Achtung: Die neutralen Pronomen eso, esto und aquello stehen nie vor einem Substantiv und tragen keinen Akzent.

esto	das hier	¿Qué es **esto**?
eso	das da	¿Qué es **eso**?
aquello	jenes dort	¿Qué es **aquello**?

6 Indefinitpronomen und -begleiter

alguien – nadie

Diese Indefinitpronomen beziehen sich auf Personen. Sie sind unveränderlich.

alguien	¿Hay **alguien**?	Ist da jemand?
nadie	No, no hay **nadie**.	Nein, es ist niemand da.

alguno – ninguno

Diese Indefinitbegleiter stehen bei Personen und Sachen. Sie sind veränderlich. Vor männlichem Substantiv wird alguno zu algún und ninguno zu ningún. Wenn sie ohne Substantiv stehen, werden diese Begleiter zu Pronomen.

algún/-uno	¿Tienes **algún** amigo aquí?	Sí, tengo **alguno**.
alguno/s	Busco un hotel, ¿conoce **alguno**?	Sí, conozco **algunos** muy buenos.
ningún/-uno	¿No tienes **ningún** amigo?	No, no tengo **ninguno**.
alguna/s	¿**Alguna** pregunta?	Sí, yo sí tengo **algunas** preguntas.
ninguna	¿Hay **alguna** posibilidad?	No, no hay **ninguna**.

cada – cualquier

Die Begleiter cada und cualquier stehen vor dem Substantiv. Es gibt nur eine Form für beide Geschlechter.

cada + Substantiv	jede/r/s	**Cada** día una cosa diferente.	**Cada** cosa en su lugar.
cualquier + Substantiv	irgendein/e	En **cualquier** momento.	Come **cualquier** cosa.

Das Pronomen cualquiera steht dagegen immer allein oder nachgestellt. Es gibt nur eine Form für beide Geschlechter.

Hay dos marcas de leche. ¿Cuál compro?	**Cualquiera.**	Irgendeine (von beiden).
He traído tres libros. ¿Cuál quieres leer?	Dame (un libro) **cualquiera**.	Gib mir irgendeins.

7 Unpersönliches Pronomen *se*

Das Verb im se-Satz steht – je nach der Anzahl der Objekte – im Singular oder Plural.

3. Person Singular	¿Cómo **se** escribe?	Wie schreibt man das?
3. Person Plural	Aquí **se** hablan cuatro idiomas.	Hier spricht man vier Sprachen.

Wenn im Spanischen das unpersönliche se steht, wird im Deutschen meist Passiv verwendet:

El chocolate **se** produce a base de cacao.	Die Schokolade wird ...
Los productos **se** exportan a todo el mundo.	Die Produkte werden ...

8 Fragewörter

¿Quién?	Wer? (Sg.)	¿**Quién** es el señor Meyer?	Wer ist Herr Meyer?
¿Quiénes?	Wer? (Pl.)	¿**Quiénes** son los clientes?	Wer sind die Kunden?
¿De quién?	Von wem?	¿**De quién** es el coche?	Von wem ist der Wagen?
	Wem gehört ...?	¿**De quién** es el perro?	Wem gehört der Hund?
¿Qué?	Was?	¿**Qué** significa?	Was bedeutet das?
¿Qué?	Was?	¿**Qué** es esto?	Was ist das?
¿Qué + Substantiv?	Was für ein/e ...?	¿**Qué** fábrica es?	Was für eine Fabrik ist das?
¡Qué + Substantiv!	Was für ein/e ...!	¡**Qué** coche!	Was für ein Wagen!
¡Qué + Adjektiv!	Wie ...!	¡**Qué** amable!	Wie freundlich! / Wie nett von Ihnen!
¿En qué ...?	In welch...?	¿**En qué** calle?	In welcher Straße?
¿Qué tal?	Wie geht es?	¿**Qué tal**?	Wie geht es Ihnen/dir?
¿A qué?	Zu welch...?	¿**A qué** museo vas?	In welches Museum gehst du?
¿En qué?	In welch...?	¿**En qué** piso estás?	In welchem Stock wohnst du?
¿Por qué?	Warum ...?	¿**Por qué** llegas tan tarde?	Warum kommst du so spät?
¿Para qué?	Wofür/Wozu ...?	¿**Para qué** necesita un taxi?	Wozu braucht er/sie ein Taxi?
¿Cuál?	Welch... (Sg.)	¿**Cuál**? ¿Éste?	Welches, dieses hier?
¿Cuáles?	Welche (Pl.)	¿**Cuáles** son mejores?	Welche sind besser?
¿Cómo?	Wie?	¿**Cómo** está/estás?	Wie geht es Ihnen/dir?
¿Cómo?	Wie?	¿**Cómo** es la fábrica?	Wie ist die Fabrik?
¿Cómo?	Wie/Wieso?	¿**Cómo**? ¿No está en Barcelona?	Wieso? Ist er denn nicht in Barcelona?
¿Dónde?	Wo?	¿**Dónde** estás?	Wo bist du?
¿De dónde?	Woher?	¿**De dónde** es usted?	Woher kommen Sie?
¿Para quién?	Für wen?	¿**Para quién** es el libro?	Für wen ist das Buch?
¿Cuándo?	Wann?	¿**Cuándo** es la feria?	Wann ist die Messe?
¿Desde cuándo?	Seit wann?	¿**Desde cuándo** están aquí?	Seit wann sind sie hier?

9 ¿Cuánto? – ¡Tanto!

¿Cuánto?	Wie viel?	¿**Cuánto** dinero gana un obrero?	15 € por hora.	**¡Tanto!**	So viel!
¿Cuánta?	Wie viel?	¿**Cuánta** leche necesitan?	Unos 5.000 litros.	Uy, ¡**tanta**!	Mann, so viel!
¿Cuántos?	Wie viele?	¿**Cuántos** días trabaja?	Siete días.	**¡Tantos!**	So viele!
¿Cuántas?	Wie viele?	¿**Cuántas** horas trabaja?	12 h. por día.	**¡Tantas!**	So viele!

10 ¿Por qué? – Porque ...

¿Por qué?	Warum?	¿**Por qué** está nerviosa Alicia?	Warum ist Alicia nervös?
Porque	Weil	**Porque** los clientes no están.	Weil die Kunden nicht da sind.
Es que	(Es ist so,) weil	**Es que** los clientes no hablan español.	Die Kunden sprechen kein Spanisch.

11 Relativpronomen

Que, el que, el cual, quien

Das Relativpronomen que ist unveränderlich und steht für Personen und Sachen. Nach Präpositionen wird que um den bestimmten Artikel erweitert (el que, la que, los que, las que). In diesem Fall können auch el cual, la cual, los cuales, las cuales verwendet werden.

Für Personen steht auch das Pronomen quien bzw. quienes zur Verfügung, das eher in der Schriftsprache benutzt wird.

Se celebra una fiesta, **a la que / a la cual** están invitados todos los amigos.	Es wird ein Fest gefeiert, zu dem alle Freunde eingeladen sind.
Quiero despedir **a quienes** nos dejan.	Ich möchte mich von denen verabschieden, die uns verlassen.

Cuyo/-a

Das Pronomen cuyo/-a (deren/dessen) wird für Personen und Sachen verwendet und richtet sich in Geschlecht und Zahl nach dem folgenden Substantiv. Es kann auch mit einer Präposition stehen. Cuyo/-a wird selten benutzt, es besteht die Tendenz, stattdessen einen Relativsatz mit que zu bilden.

La empresa, **cuyos** productos conocen, se fusiona.	Die Firma, deren Produkte Sie kennen, fusioniert.
Gracias al equipo de personal, **sin cuya** ayuda ...	Dank an das Mitarbeiter-Team, ohne dessen Hilfe ...

12 Relativsätze

Die meisten Relativsätze werden mit que gebildet.

Visito a unos amigos **que** viven en Guadalajara.	Ich besuche Freunde, die in Guadalajara wohnen.

Das deutsche Relativpronomen „was" übersetzt man mit lo que.

No sé **lo que** voy a hacer.	Ich weiß nicht, was ich machen werde.

Man unterscheidet grundsätzlich zwei Arten von Relativsätzen:

Notwendige Relativsätze

Ohne sie wird der Hauptsatz nicht verstanden, darum werden sie nicht durch Kommas abgetrennt.

Lito busca la botella **que** está en la cocina.	Lito holt die Flasche, die in der Küche steht.

Erklärende Relativsätze

Diese Relativsätze liefern nebensächliche Informationen. Sie sind nicht notwendig, um den Hauptsatz zu verstehen. Darum trennt man sie mit Kommas von der Hauptaussage.

Lito, **que** sabe tocar la guitarra, es el hijo mayor de don Rogelio.	Lito, der Gitarre spielen kann, ist der älteste Sohn von Don Rogelio.

3 Zahlen, Uhrzeit und Datum

1 Kardinalzahlen

0	cero	21	veintiuno/-una/-ún	135	ciento treinta y cinco
1	uno, una, un	22	veintidós	200	doscientos/-as
2	dos	23	veintitrés	300	trescientos/-as
3	tres	24	veinticuatro	400	cuatrocientos/-as
4	cuatro	25	veinticinco	500	**quinientos/-as**
5	cinco	26	veintiséis	600	seiscientos/-as
6	seis	27	veintisiete	700	**sete**cientos/-as
7	siete	28	veintiocho	800	ochocientos/-as
8	ocho	29	veintinueve	900	**nove**cientos/-as
9	nueve	30	treinta	1.000	mil
10	diez	31	treinta y uno/una/un	2.000	dos mil
11	once	32	treinta y dos	10.000	diez mil
12	doce	33	treinta y tres	100.000	cien mil
13	trece	40	cuarenta	200.000	doscientos/-as mil
14	catorce	50	cincuenta	500.000	**quinientos/-as** mil
15	quince	60	**ses**enta	1.000.000	un millón
16	dieciséis	70	**set**enta	2.000.000	dos millones
17	diecisiete	80	ochenta	100.000.000	cien millones
18	dieciocho	90	**nov**enta	1.000.000.000	mil millones
19	diecinueve	100	ciento, cien		
20	veinte	101	ciento uno/una/un		

2 Ordinalzahlen

1°/1ª	primer/o/a	6°/6ª	sexto/-a
2°/2ª	segundo/-a	7°/7ª	séptimo/-a
3°/3ª	tercer/o/a	8°/8ª	octavo/-a
4°/4ª	cuarto/-a	9°/9ª	noveno/-a
5°/5ª	quinto/-a	10°/10ª	décimo/-a

Bei der Zählung von Kongressen, Festen usw. werden statt 4°, 5° ... meist römische Ziffern verwendet:
VI Congreso Internacional de Odontología (Sexto Congreso ...)

Achtung: Vor männlichem Substantiv wird primero zu primer und tercero zu tercer.

El comedor está en el **primer** piso. – Ah sí, ¿en el **primero**?	Der Speisesaal ist im ersten Stock. – Aha, im ersten!?
Hoy es el **tercer** día en Madrid.	Heute ist mein dritter Tag in Madrid.
¿En qué piso vives? – En el **tercero**.	In welchem Stock wohnst du? – Im dritten.

Bei Monarchen und Päpsten spricht man die Ordinalzahlen normalerweise nur bis zehn:

Alfonso **X**	Alfonso **décimo**
Aber: Pío **XII**	Pío **doce**

3 Das Datum

¿Qué fecha es hoy?	Welches Datum ist heute?	a principios de mes	am Monatsanfang
Es (el) dos de enero.	Es ist der 2. Januar.	a mediados de semana	in der Wochenmitte
¿En qué mes es la feria?	In welchem Monat ...?	a fines del año que viene	Ende nächsten Jahres

Achtung „Falsche Freunde": el dato – Tipp, Information; la fecha – das Datum.

4 Die Uhrzeit

¿Qué hora es? Wie spät ist es?

12:00	Son las doce (del mediodía).	12:30	Son las doce y media.
12:45	Es la una menos cuarto. **!**	13:00	Es la una en punto. **!**
14:05	Son las dos y cinco.	14:10	Son las dos y diez.
14:15	Son las dos y cuarto.	14:20	Son las dos y veinte.
07:00	Son las siete de la mañana.	19:00	Son las siete de la tarde.
11:00	Son las once de la mañana.	23:00	Son las once de la noche.

¿A qué hora es la reunión?	Um wie viel Uhr ...?	A las 9:30 h.	Um 9.30 Uhr.
a primera hora	früh am Morgen	a última hora	im letzten Augenblick

4 Adjektive und Adverbien

1 Das Adjektiv

Die meisten Adjektive enden auf -o (männlich) bzw. auf -a (weiblich). Adjektive auf -e und auf Konsonant sind männlich und weiblich.

Endung auf -a/-o	Endung auf -e	Endung auf Konsonant
el aeropuerto (es) modern**o**	un catálogo interesant**e**	el polígono industria**l**
la fábrica (es) modern**a**	una señora amabl**e**	la calle principa**l**
los aeropuertos (son) modern**os**	unos catálogos interesant**es**	los polígonos industria**les**
las fábricas (son) modern**as**	unas señoras amabl**es**	los polígonos industria**les**

Das Adjektiv steht meistens hinter dem Substantiv	Es una ciudad **bonita**.
oft nach den Verben ser oder estar	La ciudad es **bonita**.
manchmal auch vor dem Substantiv	¡**Buenos** días!

Achtung: Die Adjektive werden immer an das entsprechende Substantiv angepasst.
Der Plural endet nach Vokal auf -s, nach Konsonant auf -es.

2 Regelmäßige Steigerung des Adjektivs

Grundform	Komparativ más + Adjektiv + que	Superlativ el/la/los/las + más + Adjektiv
importante	**más** importante	**el más** importante
cara	**más** cara	**la más** cara
baratos	**más** baratos	**los más** baratos
nuevas	**más** nuevas	**las más** nuevas

El español es **más importante** que el alemán.

Bekräftigungsformen

mucho + más + Adjektiv oft nach den Verben ser oder estar	**mucho más** baratos
más + Adjektiv + todavía	**más** baratos **todavía**
mucho + más + Adjektiv + todavía	**mucho más** baratos **todavía**

Adjektive wie excelente, estupendo oder magnífico werden nicht gesteigert.
Tan + Adjektiv heißt: so ...

¡Son **tan** baratos! — Sie sind so billig!

Statt menos que wird oft no tan como benutzt:

Estos **no** son **tan** caros **como** esos. — Diese sind nicht so teuer wie die da.

3 Adjektive mit unregelmäßigem Komparativ

Adjektiv	Komparativ	Superlativ
bueno/-a	**mejor**	**el/la mejor**
malo/-a peor	**peor**	**el/la peor**
pequeño/-a	**menor /** más pequeño/-a	**el/la menor /** el/la más pequeña
grande	**mayor /** más grande	**el/la mayor /** el/la más grande

4 Adjektive mit Kurz- und Langformen

Adjektive stehen im Spanischen in der Regel hinter dem Substantiv. In Einzelfällen können sie auch davor stehen. Dann werden einige Adjektive verkürzt:

gran/grande	gran + Substantiv (Singular, maskulin/feminin)	un **gran** futbolista, una **gran** idea, un **gran** amigo
buen/bueno	buen + Substantiv (Singular maskulin)	un **buen** vino, un vino **bueno** aber: una **buena** cerveza, una cerveza **buena**
mal/malo	mal + Substantiv (Singular maskulin)	un **mal** producto, un producto **malo** aber: una **mala** semana, una semana **mala**

Achten Sie auf den Bedeutungsunterschied:
un hotel **grande** ein großes Hotel, aber: un **gran** hotel ein großartiges Hotel
un hombre **bueno** ein guter Mensch, aber: un **buen** vino ein guter Wein

5 Adverbien

Adverbien können sich auf Adjektive oder Verben beziehen.

bastante	ziemlich	El coche es **bastante** viejo. Alicia corre **bastante** rápido.	Das Auto ist ziemlich alt. Alicia läuft ziemlich schnell.

Adverbien auf -mente
Bei den Adjektiven auf -o/-a wird -mente an die weibliche Form angehängt.
Bei den Adjektiven auf -e oder auf Konsonant wird -mente an die gemeinsame Singularform angehängt.

El trabajo está completo.	**completa**	El trabajo está **completamente** listo.
El control es automático.	**automática**	La producción se controla **automáticamente**.
Felipe es alegre.	**alegre**	Trabaja **alegremente**.
El problema es muy actual.	**actual**	**Actualmente** hay muchos problemas.

Manche Adverbien haben zwei Formen: Pedro comprende **rápido**. / Pedro comprende **rápidamente**.

6 Das Adverb *bien*

Verb + bien	Adverb + bien	bien (= muy) + Adjektiv
estoy **bien**	muy **bien**	**bien** difícil
no sé **bien**	bastante **bien**	una cerveza **bien** fría
habla **bien** inglés	no está demasiado **bien**	**bien** barato

Verwechseln Sie bien nicht mit buen(o/a): Bien steht nie mit Substantiv!

7 Muy – mucho

Muy bezieht sich immer auf ein Adjektiv oder Adverb. Es ist unveränderlich.

muy

vor Adjektiv	productos **muy** caros	Está **muy** nerviosa.	Es **muy** interesante.
vor Adverb	Se vende **muy** bien.	Gana **muy** poco.	Habla **muy** mal el inglés.

mucho

vor Substantiv	**mucho** dinero	**muchos** clientes
	mucha gente	**muchas** vitaminas

Wenn das Adjektiv mucho als Adverb verwendet wird, verändert es sich nicht.

nach Verb	Telefoneo **mucho**.	Se vende **mucho**.
	Trabajamos **mucho**.	Los obreros ganan **mucho**.

Statt muy + Adjektiv wird gerne das Suffix -ísimo mit entsprechender Endung zur Verstärkung benutzt.

Adjektiv	muy + Adjektiv	Adjektiv + -ísimo/-a/-os/-as
bueno/-a	**muy** bueno	**buenísimo/-a/-os/-as**
mucho/-a		**muchísimo/-a/-os/-as**

8 Noch

Je nach Kontext wird „noch" unterschiedlich ausgedrückt.

Menge		Zeit	
¿Qué **más**?	Was noch?	**Todavía** está en la oficina.	Er ist noch im Büro.
¿Algo **más**?	Noch etwas?	**Todavía** no he podido hacerlo.	Ich habe es noch nicht machen können.

9 Más de – más que

Vor Zahlenangaben verwendet man más de, ansonsten más que.

Abrió **más de** 720 sucursales.	Er/Sie hat mehr als / über 720 Filialen eröffnet.
Juan gana **más que** Andrés.	Juan verdient mehr als Andrés.

Menos de bzw. menos que werden genauso verwendet.

5 Präpositionen, Orts- und Zeitangaben

1 Ortsangaben

aquí	hier	¿Dónde está el coche? – **Aquí** está.
allí	dort	**Allí** está el ascensor.
abajo	unten	El coche está **abajo**.
en	in	El coche está **en** el aparcamiento.

a unos ... kilómetros (de)	in einigen / in ... Kilometern Entfernung (von)
a la izquierda (de)	links (von)
a la derecha (de)	rechts (von)
en el centro (de)	in der Mitte (von) / im Zentrum (von)
delante (de)	vor
cerca (de)	in der Nähe (von)
lejos (de)	fern / weit entfernt (von)
al lado (de)	neben
entre	zwischen
detrás de	hinter
en	in, an, auf, bei ...
en la costa	an der Küste
junto a	neben, in der Nähe, nahe bei

2 Zeitangaben

seit	**Desde** marzo.	bei einem Zeitpunkt
seit	**Desde hace** tres años.	bei einem Zeitpunkt
seitdem	**Desde que** trabajo en la empresa.	bei einer Zeitspanne

Desde kann auch als Ortsangabe eingesetzt werden.

hace: es ist her/vor

¿Cuánto tiempo **hace**?	Wie lange ist es her?
Eso fue **hace** tres días.	Das war vor drei Tagen.

hace ... que + Verb: seit

Hace una hora **que** espera.	Er/Sie wartet seit einer Stunde.

antes: früher/vorher

Antes trabajaba en la Bicigoza.	Früher hat sie bei Bicigoza gearbeitet.

antes de + Substantiv/Verb: vor/bevor

Necesita una respuesta **antes del viaje**.	Er braucht noch vor der Reise eine Antwort.
Antes de irse, llama por teléfono.	Bevor sie abfährt, ruft sie an.

después: später/danach

Ahora comemos, **después** trabajamos.	Jetzt essen wir, danach arbeiten wir.

después de + Substantiv/Verb: nach/nachdem

Después de la comida se van.	Nach dem Essen gehen sie.
Después de ver la película, ...	Nachdem sie den Film gesehen haben, ...

De ... a ... und desde ... hasta ...

de ... a ...	von ... bis ...	Trabajo **de** ocho **a** doce.
desde las ... hasta las ...	von (genau) ... bis (genau) ...	Trabajo **desde las** ocho **hasta las** doce y media.

3 Die Präpositionen *por* und *para*

Der Gebrauch der beiden Präpositionen por und para ist genau definiert:

por

Ursache	No puedo ir **por** los clientes.	Ich kann wegen der Kunden nicht kommen.
persönl. Beweggrund	**Por** mí, pueden venir.	Meinetwegen können sie kommen.
Wegbeschreibung	Pasamos **por** el hotel.	Wir fahren beim Hotel vorbei.
Zeitangabe	Estamos aquí **por** tres semanas.	Wir bleiben drei Wochen hier.
Preisangabe	¿Qué se puede comprar **por** 10 euros?	Was kann man für 10 Euro kaufen?

para

Bestimmung	Paella **para** todo el mundo.	Paella für alle.
Meinung	**Para** mí es muy interesante.	Für mich ist es sehr interessant.
Zweck	Llama **para** preguntar qué pasa.	Er/Sie ruft an, um zu fragen, was los ist.
Ziel	Ya salimos **para** casa.	Wir machen uns auf den Weg nach Hause.
Termin	Dejamos eso **para** mañana.	Verschieben wir das auf morgen.

Para + Pronomen

¿El mazapán es **para nosotros**? – Sí, es **para ustedes**.	Ist das Marzipan für uns? – Ja, es ist für Sie.

para él / para ella / para usted / para vosotros/-as / para ellos/-as

Sonderformen:

para mí	für mich	¿Es **para mí**?
para ti	für dich	Sí, es **para ti**.

4 *Con* + Pronomen

Nur die ersten beiden Personen im Singular haben eigene Formen:

conmigo	mit mir	El perro entra **conmigo**.
contigo	mit dir	¿Vas al museo? – Yo voy **contigo**.
con él/ella	mit ihm/ihr	
con usted	mit Ihnen	

6 Konjunktionen

Temporal

(immer) wenn	cuando	**Cuando** voy a Alemania, bebo cerveza.
während	durante + Substantiv	Se controla la calidad **durante** la producción.
	mientras + Verb	Marta lee el periódico **mientras** desayuna.

Al + Infinitiv

Diese Konstruktion drückt Gleichzeitigkeit aus und wird anstelle eines Satzes mit cuando verwendet.

Al pasar por los puntos de control, se toman muestras.	Wenn sie die Kontrollpunkte passieren, ...
Al terminar el proceso, las cajas se ponen en paletas.	Wenn der Vorgang abgeschlossen ist, ...

Konditional

falls; wenn	si	Trabaja día y noche **si** es necesario.	Sie arbeitet Tag und Nacht, wenn es nötig ist.
		Si nosotros deseamos vender ...	Wenn wir verkaufen wollen ...

Achtung: Si (ohne Akzent) nicht verwechseln mit sí (mit Akzent) – ja/doch.

Kausal

da	como	Erklärung vorangestellt	**Como** la empresa no cierra, el personal no toma vacaciones.
weil	porque	Erklärung nachgestellt	El personal no toma vacaciones **porque** la empresa no cierra.
denn	ya que	Erklärung nachgestellt	El personal no toma vacaciones **ya que** la empresa no cierra.

Ursache, Folge

	por eso	darum, deshalb (Adverb)	La empresa no cierra. **Por eso** el personal no toma vacaciones.

7 Verben

1 Die regelmäßigen Verben

Es gibt drei Gruppen von Verben je nach Endung: -ar, -er, -ir.

	hablar	comprender	escribir
yo	habl**o**	comprend**o**	escrib**o**
tú	habl**as**	comprend**es**	escrib**es**
él/ella/usted	habl**a**	comprend**e**	escrib**e**
nosotros/-as	habl**amos**	comprend**emos**	escrib**imos**
vosotros/-as	habl**áis**	comprend**éis**	escrib**ís**
ellos/ellas/ustedes	habl**an**	comprend**en**	escrib**en**

2 Die Verben *ser* und *estar*

	ser		
yo	**soy**	ich bin	**Soy** Pepe.
tú	**eres**	du bist	¿De dónde **eres**?
él/ella	**es**	er/sie ist	La carta **es** de un cliente.
usted	**es**	Sie sind	Usted **es** de Madrid, ¿no?
nosotros/-as	**somos**	wir sind	**Somos** amigos.
vosotros/-as	**sois**	ihr seid	¿**Sois** arquitectas?
ellos/ellas	**son**	sie sind	**Son** de España.
ustedes	**son**	Sie sind	¿**Son** hoteleros?

	estar		
yo	**estoy**	ich bin (befinde mich)	**Estoy** en el bar.
tú	**estás**	du bist (befindest dich)	¿Cómo **estás**?
él/ella	**está**	er/sie ist (befindet sich)	El hotel **está** en la plaza.
usted	**está**	Sie sind (befinden sich)	¿Cómo **está** usted?
nosotros/-as	**estamos**	wir sind (befinden uns)	**Estamos** en el hotel.
vosotros/-as	**estáis**	ihr seid (befindet euch)	¿**Estáis** bien?
ellos/ellas	**están**	sie sind (befinden sich)	Juan y Marta **están** en la playa.
ustedes	**están**	Sie sind (befinden sich)	¿Cómo **están**?

Gebrauch von **ser** und **estar**

ser sein

Person/Sache	¿Quién **es**? – **Es** Marta.	Wer ist das? – Das ist Marta.
Beruf	Marta **es** vendedora.	Marta ist Verkäuferin.
Soziale Rolle/Funktion	**Es** una conocida de Pablo.	Sie ist eine Bekannte von Pablo.
Herkunft/Nationalität	Marta **es** catalana.	Marta ist Katalanin.
Konfession/Ideologie	Marta **es** católica.	Marta ist Katholikin.
Merkmale/Eigenschaften	**Es** muy simpática.	Sie ist sehr sympathisch.
Besitz/Zugehörigkeit	El coche **es** de la fábrica.	Es ist ein Firmenwagen.
Zweck/Bestimmung	El café **es** para Pablo.	Der Kaffee ist für Pablo.
Zeitangaben	**Es** tarde, ya **son** las ocho.	Es ist spät, es ist schon acht.
Wo findet etwas statt?	La feria **es** en Madrid.	Die Messe findet in Madrid statt.

estar (da)sein, sich befinden, stehen, liegen

Da-sein	¿**Está** el Sr. Torres?	Ist Herr Torres da?
	Ya está todo.	Es ist alles da.
Zustand	¿Cómo **estás**?	Wie geht es dir?
	¿**Estás** enfermo?	Bist du krank?
	Estoy cansado.	Ich bin müde.
	El café **está** frío.	Der Kaffee ist kalt.
Ortsangabe	El libro **está** en la mesa.	Das Buch liegt auf dem Tisch.
	Pablo **está** en la barra.	Pablo steht an der Bar.
	Pablo **está** en Madrid.	Pablo ist (gerade) in Madrid.
	Valencia **está** en España.	Valencia liegt in Spanien.
in Ordnung sein / gut sein / passen	La mesa aquí **está** bien.	Der Tisch ist in Ordnung / passt uns gut.
	Está todo bien.	Es ist alles in Ordnung.

Unterschiede zwischen **ser** und **estar** bei Merkmalen und Berufen:

Ser bezieht sich auf dauerhafte Merkmale:

Marta **es** simpática.	Sie ist immer nett.
Antonio **es** cocinero.	Das ist sein Hauptberuf.

Estar bezieht sich auf vorübergehende Merkmale:

Marta **está** cansada.	Heute/Jetzt ist sie müde.
Antonio **está** de taxista.	Das ist sein Job, das macht er jetzt.

3 Das Verb *haber*

Das Verb **haber** wird als Hilfsverb für die Bildung der zusammengesetzten Zeiten verwendet. Haben im Sinne von „besitzen" wird mit dem Verb **tener** übersetzt.

	haber
yo	**he**
tú	**has**
él/ella/usted	**ha**
nosotros/-as	**hemos**
vosotros/-as	**habéis**
ellos/ellas/ustedes	**han**

hay

Das unveränderliche **hay** ist eine Sonderform des Verbs **haber**. **Hay** heißt: Es gibt, da ist, da sind, es ist vorhanden.
Man muss **hay** statt **estar** benutzen vor:

- einem Substantiv ohne Artikel (auch wenn ein Adjektiv vor dem Substantiv steht):

Hay café.	Es gibt Kaffee.
No **hay** huevos.	Es gibt keine Eier. / Es sind keine Eier mehr da.
Hay buenos hoteles.	Es gibt gute Hotels.

- einem unbestimmten Artikel:

Hay una mesa libre.	Es gibt einen freien Tisch
Hay unos comentarios.	Es gibt da einige Kommentare.

- Zahlen (Angabe einer bestimmten Anzahl):

¿Cuánto/-a/-os/-as (...) **hay**?	Wie viel/e (...) gibt es?
Hay tres periódicos.	Es gibt drei Zeitungen.

- einem Indefinitpronomen (Angabe einer unbestimmten Menge):

¿**Hay** algo de nuevo? – No, no hay nada de nuevo.	Gibt's etwas Neues? – Nein, es gibt nichts Neues.
¿**Hay** más café?	Gibt's noch Kaffee? / Ist noch Kaffee da?
Hay muchos periódicos.	Es gibt viele Zeitungen.

hay que

Hay que + Infinitiv wird verwendet, um einen Zwang oder eine Notwendigkeit auszudrücken. Es hat oft eine unpersönliche Bedeutung:

Hay que comprar un billete.	Man muss eine Fahrkarte kaufen.
Todavía **hay que** pagar.	Wir müssen noch zahlen.

hay/estar

Bei ungenauen Angaben steht hay:	Allí **hay** un hotel. – **Hay** una chica.
Bei genauen Angaben steht estar:	El hotel **está** allí. – Carmen **está** allí.

4 Bejahung (Affirmation)

Sí alleine benutzt man selten, denn es klingt etwas trocken. Stattdessen gibt es drei Möglichkeiten:

Eine Erklärung hinzufügen:	**Sí**, para nuestra región es muy importante.
Den Satz des Gesprächspartners wiederholen:	¡Qué vista! – **Sí**, la vista es muy bonita. ¿Ustedes son socios? – **Sí**, somos socios.

Eine Zustimmungs-Formel benutzen:

sí, sí	sí, eso sí	sí, precisamente
sí, es verdad	sí, cómo no	sí, con mucho gusto
sí, eso es	sí, bueno	sí, naturalmente
sí, claro	claro, claro	sí, exactamente

5 Verneinung (Negation)

Die Negation mit no oder tampoco, nunca, nada:

Yo **no** hablo alemán.	Ich spreche nicht/kein Deutsch.
No hablo francés **tampoco**.	Ich spreche auch nicht/kein Französisch.
Tampoco hablo francés.	Ich spreche auch nicht/kein Französisch.
¿Un cava? – No, gracias, **no** bebo **nunca**.	Nein, danke. Ich trinke nie.
No, **nunca** bebo **nada**.	Nein, ich trinke nie etwas.

Die Negation muss immer vor dem Verb stehen. Der verneinte Satz kann weitere Verneinungswörter außer no enthalten. No hat zwei Bedeutungen: „nein" und „nicht/kein". Wenn tampoco, nunca usw. vor dem Verb stehen, entfällt no. Es können auch mehrere Verneinungswörter kombiniert werden.

Die Negation mit ni

Ni alleine heißt „nicht einmal".

No hemos podido **ni** empezar.	Wir haben noch nicht einmal angefangen.
¡No tengo **ni** idea!	Keine Ahnung!
¡**Ni** pensarlo!	Das kommt gar nicht in Frage!
Ella **ni** saluda.	Sie grüßt nicht (ein)mal.

Ni … ni … heißt „weder … noch …“.

No hemos trabajado **ni** en la planta **ni** en la oficina.	Wir haben weder in der Produktion noch im Büro gearbeitet.
No ha podido **ni** venir **ni** llamar.	Er hat weder vorbeikommen noch anrufen können.

6 Verben mit unregelmäßiger 1. Person Singular

	hacer	conocer	dar
yo	**hago**	**conozco**	**doy**
tú	haces	conoces	das
él/ella/usted	hace	conoce	da
nosotros/-as	hacemos	conocemos	damos
vosotros/-as	hacéis	conocéis	dais
ellos/ellas/ustedes	hacen	conocen	dan

andere Verben wie **hacer**

poner stellen, legen	**pongo**	tener (ie) haben	**tengo**	traer bringen	**traigo**
salir (hin)ausgehen	**salgo**	decir sagen	**digo**	venir (ie) (her)kommen	**vengo**
suponer vermuten	**supongo**				

andere Verben wie **conocer**

parecer scheinen	**parezco**
aparecer erscheinen	**aparezco**

7 Gruppenverben

Querer, preferir, tener

Diese Verben verändern den Stammvokal **e** in **ie** (außer 1. und 2. Person Pl.).
Sie werden alleine oder mit einem anderen Verb im Infinitiv benutzt.

	querer (ie)	**preferir** (ie)	**tener** (ie)
yo	qu**ie**ro	pref**ie**ro	**tengo !**
tú	qu**ie**res	pref**ie**res	t**ie**nes
él/ella/usted	qu**ie**re	pref**ie**re	t**ie**ne
nosotros/-as	queremos	preferimos	tenemos
vosotros/-as	queréis	preferís	tenéis
ellos/ellas/ustedes	qu**ie**ren	pref**ie**ren	t**ie**nen

¿**Quieres** una cerveza?	Willst du ein Bier?
¿**Quieres** comer algo?	Willst du etwas essen?
Prefiero agua mineral.	(Ich trinke) lieber ein Mineralwasser.
Prefieren descansar.	Sie ruhen sich lieber aus.
Tenemos hambre.	Wir haben Hunger.
Tengo que trabajar.	Ich muss arbeiten.

Pedir, seguir, decir

Diese Gruppenverben verändern den Stammvokal **e** im Singular und in der 3. Person Pl. zu einem **i**.

	pedir	**seguir**	**decir**
yo	p**i**do	s**i**go	d**i**go **!**
tú	p**i**des	s**i**gues	d**i**ces
él/ella/usted	p**i**de	s**i**gue	d**i**ce
nosotros/-as	ped**i**mos	segu**i**mos	dec**i**mos
vosotros/-as	ped**í**s	segu**í**s	dec**í**s
ellos/ellas/ustedes	p**i**den	s**i**guen	d**i**cen

Poder, volver, costar

Diese Gruppenverben verändern den Stammvokal **o** im Singular und in der 3. Person Plural zu **ue**. Von **costar** wird nur die 3. Person verwendet.

	poder	volver	costar
yo	puedo	vuelvo	
tú	puedes	vuelve	
él/ella/usted	puede	vuelve	cuesta
nosotros/-as	podemos	volvemos	
vosotros/-as	podéis	volvéis	
ellos/ellas/ustedes	pueden	vuelven	cuestan

8 Reflexive Verben

alegrarse (sich freuen)	llamarse (heißen)	sentarse (sich setzen)	ocuparse de (sich kümmern um)
me alegro	me llamo	me siento	me ocupo de
te alegras	te llamas	te sientas	te ocupas de
se alegra	se llama	se sienta	se ocupa de
nos alegramos	nos llamamos	nos sentamos	nos ocupamos de
os alegráis	os llamáis	os sentáis	os ocupáis de
se alegran	se llaman	se sientan	se ocupan de

9 Meinungsverben

	pensar	creer	suponer
yo	pienso	creo	supongo !
tú	piensas	crees	supones
él/ella/usted	piensa	cree	supone
nosotros/-as	pensamos	creemos	suponemos
vosotros/-as	pensáis	creéis	suponéis
ellos/ellas/ustedes	piensan	creen	suponen

Das Verb **parecer** verwendet man mit oder ohne indirektes Objektpronomen. Um eine Meinung über etwas zu äußern, benutzt man **parecer** + Adjektiv, Adverb oder Substantiv (**difícil**, **caro**, **mejor**, **mucho**, **un sueño** usw.).

¿Qué **te parecen** los libros?	Was hältst du von den Büchern?
Parecen interesantes.	Sie scheinen interessant zu sein.

10 Das Verb *ir*

Das Verb **ir** bedeutet „gehen“ oder „fahren“.

	ir
yo	voy
tú	vas
él/ella/usted	va
nosotros/-as	vamos
vosotros/-as	vais
ellos/ellas/ustedes	van

Das Ziel wird mit der Präposition **a** angegeben.
¿Adónde vas? – Voy a casa (zu mir nach Haus), a la oficina, al aeropuerto, al cine, a Barcelona, a la casa de Pedro.

Das Verkehrsmittel wird mit der Präposition **en** angegeben.
¿Cómo vas? – Voy en bicicleta, en tren, en metro, en avión, en autobús, en barco, en taxi, en coche.
Achtung: **ir a pie** zu Fuß; **ir a caballo** zu Pferd

11 Vorhaben ausdrücken

Die Konstruktion **ir + a** + Infinitiv wird vor allem in der gesprochenen Sprache benutzt, um sich auf die unmittelbare Zukunft zu beziehen.

ir a	**Voy a** viajar en autobús.	Ich werde mit dem Bus fahren.
	¿**Vas a** alquilar un coche?	Hast du vor, ein Auto zu mieten?
	Yo **voy a** ir de vacaciones.	etw. (bald) machen
pensar	**Pienso** hacer un viaje.	etw. vorhaben
querer	**Quiero** conocer Cancún.	etw. wollen
estar por	Las ofertas **están por** llegar.	im Begriff sein, etwas zu tun

12 *Acabar de* + Infinitiv

Acabar bedeutet enden, zu Ende gehen:

Enseguida **acaba** la reunión. | Gleich ist die Besprechung zu Ende.

Die sehr geläufige Konstruktion acabar de + Infinitiv wird verwendet, wenn etwas gerade geschehen ist:

Pablo **acaba de** llegar de la feria. | Pablo ist gerade von der Messe zurückgekommen.

13 Gustar, interesar

Verben wie gustar (gefallen) oder interesar (interessieren) werden normalerweise nur in der 3. Person benutzt.

¿No te **gusta** esta historia?	Magst du diese Geschichte nicht?
A mí me **gusta** mucho.	Mir gefällt sie sehr.
A Carmen le **interesan** las pirámides.	Carmen interessiert sich für die Pyramiden.

Das Verb interesar benutzt man:

- in der 3. Person mit indirektem Objektpronomen: **me** interesa**(n)**, **te** interesa**(n)**, le interesa**(n)**
  ¿A ti **te interesa** el anuncio? | Interessiert dich die Anzeige?
- als reflexives Verb, konjugiert in der entsprechenden Person: **me** intereso por, **te** interesas por, **se** interesa por
  Me intereso por todo. | Ich interessiere mich für alles.

14 Saber

Saber wird oft gebraucht um ...

- Unsicherheit zu äußern
  ¿Dónde está el comedor?
  No **sé**, en el primer piso, creo. | Ich weiß nicht, im ersten Stock, glaube ich.
- sich zu zieren
  No **sé**, estoy muy cansada. | Also, ich weiß nicht so recht, ich bin ziemlich müde.
- eine Neuigkeit mitzuteilen
  Estoy aquí con Pablo, ¿**sabes**? | Ich bin mit Pablo hier, weißt du?
- Fragen negativ zu beantworten
  ¿De quién es? – No **sé** de quién es. | Ich weiß nicht, wem es gehört.

Saber – poder

Saber benutzt man für erworbene Fähigkeiten. Man hat etwas gelernt und ist in der Lage es zu tun.
Poder benutzt man, wenn die Möglichkeit bzw. die Erlaubnis besteht etwas zu tun.

saber + Infinitiv = jemand hat etwas gelernt

Lito **sabe** tocar la guitarra.	Lito kann Gitarre spielen. (Er hat es gelernt.)
Los clientes **saben** español.	Die Kunden sprechen/können Spanisch. (Sie haben es gelernt.)

poder + Infinitiv = etwas ist möglich

No **puede** tocar porque la guitarra está rota.	Er kann nicht (Gitarre) spielen, weil die Gitarre kaputt ist.
Podemos quedar a las 9 h.	Wir können uns um 9 Uhr treffen.
¿**Puedo** pagar con tarjeta?	Kann ich mit Karte bezahlen?

poder + Infinitiv = etwas ist erlaubt (dürfen)

¿**Puedo** lavarme las manos?	Kann/Darf ich mir die Hände waschen?
No **puedes** entrar aquí.	Hier kannst/darfst du nicht hinein.

15 Die Verben *jugar (ue)* und *tocar*

Dem deutschen Verb „spielen" entsprechen im Spanischen zwei Verben: jugar und tocar.
Bei Spielen und Sportarten verwendet man jugar + a, bei Musikinstrumenten tocar.
Im Singular und in der 3. Person Plural von jugar ändert sich der Vokal: u wird zu ue.
Die Formen von tocar sind regelmäßig.

Lito **juega** al fútbol. – También **toca** la guitarra.	jugar (spielen): **jue**go, **jue**gas, **jue**ga, jugamos, jugáis, **jue**gan

16 Deber de

Deber de benutzt man, um eine Vermutung zu äußern:

Debe de estar a punto de llegar.	Er wird wohl gleich kommen.
Debe de haber mucha nieve.	Es gibt sicherlich viel Schnee.

17 Etwas noch einmal machen

volver + a + Infinitiv	Tienes que **volver a** llamar.
konjugiertes Verb + de nuevo	Llama **de nuevo**.
konjugiertes Verb + otra vez	Llama **otra vez**.

18 Llevar – traer

traer (her)bringen – llevar (hin)bringen

Jefe: ¿Me **trae** los documentos, por favor?	Bringen Sie mir bitte die Unterlagen (her)?
Secretaria (desde fuera): Sí, se los **llevo** enseguida.	Ja, ich bringe sie Ihnen sofort (hin).
Secretaria (viene): Aquí le **traigo** los documentos.	Hier bringe ich Ihnen die Unterlagen.

19 Hacerse, ponerse, volverse

Für das Verb „werden" gibt es im Spanischen keine einheitliche Entsprechung, sondern unterschiedliche Umschreibungsmöglichkeiten. Es ist zu empfehlen sich die gebräuchlichsten Wendungen einzuprägen.

hacerse + Adjektiv oder Substantiv (z. B. famoso/-a, rico/-a, viejo/-a, médico/-a)

La campaña **se hizo** famosa.	Die Werbekampagne wurde berühmt.
Pepe **se hizo** médico.	Pepe wurde Arzt.

ponerse + Adjektiv (z. B. nervioso/-a, enfermo/-a, furioso/-a, rojo/-a)

El jefe **se puso** furioso.	Der Chef wurde wütend.

volverse + Adjektiv (z. B. loco/-a)

La secretaria **se vuelve** loca de trabajo.	Die Sekretärin wird verrückt vor lauter Arbeit.

20 Perífrasis verbales

acabar de + Inf.	soeben getan haben	**Acaba de** llegar.	Er ist gerade angekommen.
ponerse a + Inf.	anfangen	El empleado **se pone a** trabajar.	Der Angestellte fängt an zu arbeiten.
dejar de + Inf.	aufhören	Cuando **deja de** trabjar, ...	Wenn er aufhört zu arbeiten, ...
volver a + Inf.	wieder tun	Al día siguiente **vuelve a** empezar.	Am nächsten Tag fängt er wieder an.
pensar + Inf.	vorhaben	**Pienso** visitarlos pronto.	Ich habe vor, Sie bald zu besuchen.
soler + Inf.	gewöhnlich tun	**Suelo** traer catálogos.	Gewöhnlich bringe ich Kataloge mit.
hacer + Inf.	lassen	Quieren **hacerse** asesorar.	Sie möchten sich beraten lassen.

8 Imperativ

Den Imperativ (Befehlsform) benutzt man für Aufforderungen, Ratschläge, Anordnungen und Befehle.
Im Spanischen gibt es zwei Formen: eine affirmative und eine negative, d. h. jemand soll etwas tun bzw. nicht tun.

1 Affirmative Befehlsform der 2. Person Singular

Verben auf		Endung			
-ar	buscar	a	**busca**	**Busca** la botella.	Hol die Flasche.
-er	comer	e	**come**	¡**Come** más ensalada!	Iss mehr Salat!
-ir	escribir	e	**escribe**	**Escribe** una postal.	Schreib eine Ansichtskarte!

Das Reflexivpronomen wird an die Befehlsform angehängt und ein grafischer Akzent zeigt die Betonung an:

¡**Dúchate**!	Dusch dich!
¡**Lávate** las manos!	Wasch dir die Hände!

Es gibt einige unregelmäßige Formen wie:

decir	**de**	**Dime**, ¿sabes tocar la guitarra?	Sag mal, kannst du Gitarre spielen?
tener	**ten**	**Ten**, ¡aquí está el dinero!	(Da) nimm, hier ist das Geld!
hacer	**haz**	¡**Haz** los deberes primero!	Mach zuerst die Hausaufgaben!
salir	**sal**	¡**Sal** de ahí!	Geh da weg!
ser	**sé**	¡**Sé** más amable!	Sei freundlicher!
poner	**pon**	¡**Pon** la mesa!	Deck den Tisch!
venir	**ven**	¡**Ven** enseguida!	Komm sofort!

Die Form ve (von ir) wird meist reflexiv gebraucht: ¡vete! – geh!

2 Affirmative Befehlsform im Plural

Der Plural (vosotros/-as) wird aus dem Infinitiv gebildet, – das -r wird durch ein -d ersetzt: preguntar, ¡preguntad!
In der Umgangssprache wird stattdessen auch häufig der Infinitiv verwendet (¡Esperar un momento!, ¡A practicar!).
In Lateinamerika benutzt man im Plural meist die 3. Person, auch wenn man sich duzt.
1. und 3. Person: Der Imperativ der 1. Person Plural (nosotros/-as) und der 3. Person Singular und Plural (usted/es) hat die „umgekehrten" Vokale der Infinitivendung (-ar: -e, -emos, -en; -er/-ir: -a, -amos, -an). Die 1. Person Plural wird aber meist mit vamos a + Infinitiv (¡Vamos a tomar algo!) oder mit einer Frage (¿Hacemos una pausa?) umschrieben.

	regelmäßige Verben			Verben mit Veränderung des Stammvokals		
	preguntar	vender	escribir	e → ie: cerrar	o → ue: volver	e → i: pedir
tú	pregunt**a**	vend**e**	escrib**e**	ci**e**rra	vu**e**lve	p**i**de
usted	pregunt**e**	vend**a**	escrib**a**	ci**e**rre	vu**e**lva	p**i**da
vosotros/-as	pregunt**ad**	vend**ed**	escrib**id**	cerrad	volved	pedid
ustedes	pregunt**en**	vend**an**	escrib**an**	ci**e**rren	vu**e**lvan	p**i**dan

Verben mit orthografischen Veränderungen

empezar	(usted/es) empiece/n
explicar	(usted/es) explique/n
pagar	(usted/es) pague/n
seguir	(usted/es) siga/n

Verben mit unregelmäßiger 1. Person im Präsens

conozer	conozco ⟶ (usted/es) conozca/n
producir	produzco ⟶ (usted/es) produzca/n

Verben mit unregelmäßigen Formen

ser	sé, sea, sed, sean
ir	ve(te), vaya, id, vayan
hacer	haz, haga, haced, hagan
decir	di, diga, decid, digan
poner	pon, ponga, poned, pongan
salir	sal, salga, salid, salgan
tener	ten, tenga, tened, tengan
venir	ven, venga, venid, vengan

3 Verneinter Imperativ

Alle Formen des verneinten Imperativs haben die „umgekehrten" Vokale ihrer Infinitivendungen: -ar ⟶ -e; -er/-ir ⟶ -a.

	regelmäßige Verben			Verben mit Veränderung des Stammvokals		
	preguntar	vender	escribir	e ⟶ ie: cerrar	o ⟶ ue: volver	e ⟶ i: pedir
tú	no preguntes	no vendas	no escribas	no cierres	no vuelvas	no pidas
usted	no pregunte	no venda	no escriba	no cierre	no vuelva	no pida
vosotros/-as	no preguntéis	no vendáis	no escribáis	no cerréis	no volváis	no pidáis
ustedes	no pregunten	no vendan	no escriban	no cierren	no vuelvan	no pidan

Verben mit orthografischen Veränderungen

empezar	no empieces, no empiece ...
explicar	no expliques, no explique ...
pagar	no pagues, no pague ...

Verben mit unregelmäßiger 1. Person im Präsens

producir	produzco ⟶ no produzcas, no produzca ...

Verneinter Imperativ + Pronomen

Anders als beim bejahten Imperativ dürfen die Pronomen an den verneinten Imperativ nicht angehängt werden. Sie stehen immer direkt vor dem Verb.

¡Dígamelo todo!	Sagen Sie mir alles!	¡Explícamelo!	Erklär es mir!
¡No me lo diga!	Sagen Sie es mir nicht!	¡No me lo expliques!	Erklär es mir nicht!

9 Vergangenheitszeiten

1 Pretérito perfecto

Das Perfekt wird gebildet mit der entsprechenden Form des Hilfsverbs haber und dem Partizip: Yo **he hecho**.
Das Partizip ist unveränderlich.

Verben auf: -ar	Partizip: -ado
Verben auf: -er, -ir	Partizip: -ido

Yo **he hecho** los deberes.

trabajar	vender	salir
he trabaj**ado**	he vend**ido**	he sal**ido**
has trabaj**ado**	has vend**ido**	has sal**ido**
ha trabaj**ado**	ha vend**ido**	ha sal**ido**
hemos trabaj**ado**	hemos vend**ido**	hemos sal**ido**
habéis trabaj**ado**	habéis vend**ido**	habéis sal**ido**
han trabaj**ado**	han vend**ido**	han sal**ido**

Es gibt einige unregelmäßige Partizipien:

hacer	**hecho**	poner	**puesto**	ir	**ido**
decir	**dicho**	ver	**visto**	ser	**sido**
volver	**vuelto**	abrir	**abierto**	escribir	**escrito**

Zusammengesetzte Verben werden immer wie die Stammverben behandelt: poner – **puesto**, suponer – **supuesto**.
Bei den Verben auf -er und -ir, deren Stamm auf Vokal endet, erscheint ein Akzent: leer – **leído**, caer – **caído**.
Das Reflexivpronomen steht vor der Form von haber: Hoy **me he** duchado a las ocho.
Man verwendet diese Vergangenheitsform bei abgeschlossenen Handlungen mit Auswirkungen auf die Gegenwart und bei Handlungen in einem noch nicht abgeschlossenen Zeitraum (hoy, este año, esta mañana, este mes, esta semana, todavía, nunca).

2 Pretérito indefinido

Das pretérito indefinido wird aus dem Stamm des Infinitivs + Endung gebildet.
Die Verben auf -er und -ir haben die gleichen Endungen.

trabajar	volver	recibir
trabaj**é**	volv**í**	recib**í**
trabaj**aste**	volv**iste**	recib**iste**
trabaj**ó**	volv**ió**	recib**ió**
trabaj**amos**	volv**imos**	recib**imos**
trabaj**asteis**	volv**isteis**	recib**isteis**
trabaj**aron**	volv**ieron**	recib**ieron**

Verben mit orthografischen Veränderungen

c	→	qu	buscar: bus**qu**é, buscaste, buscó, buscamos, buscasteis, buscaron
g	→	gu	pagar: pa**gu**é, pagaste, pagó, pagamos, pagasteis, pagaron
z	→	c	empezar: empe**c**é, empezaste, empezó, empezamos, empezasteis, empezaron
i	→	y (í)	leer: leí, le**í**ste, le**y**ó, le**í**mos, le**í**steis, le**y**eron

Verben mit unregelmäßigem Stamm
Einige Verben haben einen unregelmäßigen Stamm. Sie haben jedoch alle die gleichen Endungen.

estar	**estuv-**	
hacer	**hic-/hiz-**	e
poder	**pud-**	iste
poner	**pus-**	o
querer	**quis-**	imos
saber	**sup-**	isteis
tener	**tuv-**	ieron
venir	**vin-**	

Das indefinido von ser und ir ist identisch:

yo	**fui**	él/ella/usted	**fue**	vosotros/-as	**fuisteis**
tú	**fuiste**	nosotros/-as	**fuimos**	ellos/ellas/ustedes	**fueron**

3 Gebrauch des *pretérito indefinido* und des *pretérito perfecto*

Das **pretérito indefinido** schildert Handlungen, die in einem abgeschlossenen Zeitraum stattgefunden haben und vom Sprecher als nicht mit der Gegenwart verbunden empfunden werden.
Zeitangaben, mit denen in der Regel **indefinido** verwendet wird, sind z. B.: **ayer, la semana pasada, el mes pasado, el año pasado, en 1995, la última vez, entonces.**

Das **pretérito perfecto** schildert Handlungen, die in einem noch andauernden Zeitraum stattgefunden haben und in enger Beziehung zur Gegenwart stehen.

Zeitangaben, mit denen in der Regel **perfecto** verwendet wird, sind z. B.: **hoy, este año, esta mañana, este mes, esta semana, todavía, hasta ahora, nunca.**

Es gibt regionale Unterschiede: In großen Teilen Lateinamerikas und in einigen Regionen Spaniens wird meist **indefinido** anstelle von **perfecto** benutzt.

4 Pretérito imperfecto

	regelmäßige Verben			Verben mit Veränderung des Stammvokals	
	trabajar	**vender**	**escribir**	**ir**	**ser**
yo	trabajaba	vendía	escribía	iba	era
tú	trabajabas	vendías	escribías	ibas	eras
el/ella/usted	trabajaba	vendía	escribía	iba	era
nosotros/-as	trabajábamos	vendíamos	escribíamos	íbamos	éramos
vosotros/-as	trabajabais	vendíais	escribíais	ibais	erais
ellos/ellas/ustedes	trabajaban	vendían	escribían	iban	eran

Man benutzt das **imperfecto** für Gewohnheiten und andauernde oder sich wiederholende Tätigkeiten. Im **imperfecto** stehen auch alle Hintergrundinformationen wie die Beschreibung von Personen, Sachen oder Situationen. Die Angaben im **imperfecto** bilden den Rahmen einer Erzählung.

La fábrica **era** pequeña. | **Estaba** en Barcelona. | **Trabajaban** día y noche.

Das **imperfecto** steht oft nach **cuando, mientras, antes** und anderen Zeitangaben:

Cuando yo era pequeña ... | **Antes** estudiaba ... | **En esa época** no había trabajo.
Mientras hablábamos ... | **Entonces** tomábamos mate. | **Todas las tardes** nos reuníamos.

5 Pretérito pluscuamperfecto

Das **pluscuamperfecto** wird mit dem **imperfecto** von **haber** und dem Partizip des Hauptverbs gebildet.

hab**ía**	hab**íamos**	**llamado**	Ya había llamado ayer.	Er hatte gestern schon angerufen.
hab**ías**	hab**íais**	**tenido**	Antes había tenido una reunión.	Er hatte vorher eine Besprechung gehabt.
hab**ía**	hab**ían**	**escrito**	Le habíamos escrito.	Wir hatten Ihnen geschrieben.

Das **pluscuamperfecto** bezieht sich auf Handlungen, die vor anderen Handlungen in der Vergangenheit liegen.

Cuando Pablo llegó al hotel, Marta ya **había salido.** | Als Pablo ins Hotel kam, war Marta schon weggegangen.

10 Zukunft

1 Futuro simple

Das **futuro simple** wird gebildet mit dem Infinitiv und den Endungen: **-é, -ás, -á, -emos, -éis, -án.**
Die Endungen sind bei allen Verben gleich. Einige Verben verändern jedoch den Stamm.

regelmäßige Verben

pagar	ser	recibir
pagaré	seré	recibiré
pagarás	serás	recibirás
pagará	será	recibirá
pagaremos	seremos	recibiremos
pagaréis	seréis	recibiréis
pagarán	serán	recibirán

unregelmäßige Verben

decir	**diré**	haber	**habré**	salir	**saldré**
hacer	**haré**	saber	**sabré**	poner	**pondré**
querer	**querré**	poder	**podré**	tener	**tendré**
venir	**vendré**				

2 Futuro compuesto

Das **futuro compuesto** wird gebildet mit dem **futuro simple** von **haber** und dem Partizip Perfekt.

haber	
habré	pensado
habrás	pagado
habrá	dado
habremos	recibido
habréis	vuelto
habrán	hecho

3 Gebrauch des *futuro simple* und des *futuro compuesto*

Zukunft

Recibirá un informe detallado. — Sie werden einen ausführlichen Bericht erhalten.

Handlung, die in der Zukunft stattfinden wird.

En dos años **habremos pagado** el crédito. — Wir werden den Kredit in zwei Jahren abbezahlt haben.

Handlung, die zu einem bestimmten Zeitpunkt in der Zukunft abgeschlossen sein wird.

Statt der Futurformen benutzt man auch die umgangssprachliche Umschreibung **ir a** + Infinitiv: **va a recibir**.

Vermutung

Das **futuro simple** benutzt man meist, das **futuro compuesto** fast ausschließlich, um Vermutungen auszudrücken.

Las máquinas **serán** lo más caro, ¿no? — Die Maschinen sind wohl das teuerste, oder?

Vermutung, die sich auf den gegenwärtigen Moment bezieht.

Seguramente **vendrá** mañana. — Er kommt sicher morgen.

Vermutung, die sich auf die Zukunft bezieht.

Ya **habrán pensado** en los detalles. — Sie haben sicher schon an alle Details gedacht.

Vermutung, dass eine Handlung im Moment schon abgeschlossen ist.

Zukunft/Vermutung

Oft ist es nicht eindeutig, ob eine zukünftige Handlung oder eine Vermutung gemeint ist. Dann hilft der Kontext bzw. die Intonation um zu verstehen, was gemeint ist.

López **estará** en su oficina.	López wird in seinem Büro sein.	López ist bestimmt in seinem Büro.
Tendremos que esperar.	Wir werden warten müssen.	Wir werden wohl warten müssen.

Condicional

1 Condicional simple

Das **condicional** wird wie das **futuro** aus dem Infinitiv gebildet. Die Endungen sind für alle Verben gleich.

regelmäßige Verben

necesitar	deber	preferir
necesitar**ía**	deber**ía**	preferir**ía**
necesitar**ías**	deber**ías**	preferir**ías**
necesitar**ía**	deber**ía**	preferir**ía**
necesitar**íamos**	deber**íamos**	preferir**íamos**
necesitar**íais**	deber**íais**	preferir**íais**
necesitar**ían**	deber**ían**	preferir**ían**

unregelmäßige Verben

Im **condicional** sind dieselben Verben unregelmäßig wie im **futuro**.

decir	**diría**	haber	**habría**	salir	**saldría**
hacer	**haría**	saber	**sabría**	poner	**pondría**
querer	**querría**	poder	**podría**	tener	**tendría**
venir	**vendría**				

Das **condicional** deutet zunächst auf eine Nichtwirklichkeit (Irrealität) hin, ist aber auch eine häufig gebrauchte Höflichkeitsform. Oft wird nur aus dem Kontext bzw. aus der Intonation klar, was gemeint ist. Das **condicional** ist nicht immer eindeutig, da die Grenze zwischen Bitten, Vorschlägen und Ratschlägen fließend ist. Unter Umständen kann sogar eine leichte Kritik gemeint sein.

Möglichkeit	**Sería** otra posibilidad.	Das wäre eine andere Möglichkeit.
Bitten	¿**Podrían** hacer un poco de lugar?	Könnten Sie etwas Platz machen?
Wunsch	**Preferiría** un agua mineral.	Ich würde lieber ein Mineralwasser trinken.
Vorschlag	**Podría** llamar a la oficina.	Sie könnten im Büro anrufen.
Ratschlag	**Deberían** transmitir ese mensaje.	Sie sollten diese Botschaft übermitteln.
Vorwurf	**Tendrían** que haber reservado una mesa.	Sie hätten einen Tisch reservieren müssen.

2 Condicional compuesto

Das **condicional compuesto** bildet man mit dem **condicional** von **haber** + Partizip Perfekt.

Yo **habría venido** antes.	Ich wäre früher gekommen.

3 Modalverben im *condicional*

Das **condicional** der Modalverben wird oft mit **haber** und dem Partizip kombiniert:

condicional simple + haber + Partizip

Ya **podría haber llegado**.	Er/Sie hätte (eigentlich) schon hier sein können.

Diese Konstruktion wird besonders in der gesprochenen Sprache verwendet und bezieht sich auf eine nicht mehr zu realisierende Handlung. Daher klingt häufig eine mehr oder weniger starke Kritik bzw. Selbstkritik an.

Tendrían que haber reservado una mesa.	Sie hätten einen Tisch reservieren müssen
Deberíamos haber traído los dibujos.	Wir hätten die Skizzen mitbringen sollen.

1 Presente de subjuntivo

Das **presente de subjuntivo** wird aus der 1. Person Singular des Indikativ Präsens abgeleitet. Die Verben auf **-ar** bekommen Endungen mit **-e**, die Verben auf **-er** und **-ir** Endungen mit **-a**. Gruppenverben mit Veränderung des Stammvokals im Präsens ändern auch im **presente de subjuntivo** den Vokal in den entsprechenden Personen. Bei den Gruppenverben auf **-ir** ändern sich alle Personen.

	regelmäßige Verben			Verben mit Veränderung des Stammvokals		
	reservar	vender	escribir	e → ie: pensar	o → ue: volver	e → i: pedir
yo	reserve	venda	escriba	piense	vuelva	pida
tú	reserves	vendas	escribas	pienses	vuelvas	pidas
el/ella/usted	reserve	venda	escriba	piense	vuelva	pida
nosotros/-as	reservemos	vendamos	escribamos	pensemos	volvamos	pidamos
vosotros/-as	reservéis	vendáis	escribáis	penséis	volváis	pidáis
ellos/ellas/ustedes	reserven	vendan	escriban	piensen	vuelvan	pidan

Verben mit orthografischen Veränderungen

buscar	busque, busques, ...
pagar	pague, pagues, ...
empezar	empiece, empieces, ...

Verben mit unregelmäßiger 1. Person im Indikativ

conocer	conozco → conozca, conozcas, ...
hacer	hago → haga, hagas, ...
decir	digo → diga, digas, ...

unregelmäßige Verben

ser	**sea, seas, sea, seamos, seáis, sean**
dar	**dé, des, dé, demos, deis, den**
ir	**vaya, vayas, vaya, vayamos, vayáis, vayan**
estar	**esté, estés, esté, estemos, estéis, estén**
haber	**haya, hayas, haya, hayamos, hayáis, hayan**
saber	**sepa, sepas, sepa, sepamos, sepáis, sepan**

Der Indikativ bezieht sich auf die Realität und beschreibt sie objektiv. Der **subjuntivo** bezieht sich auf die Wunsch- bzw. Gefühlswelt und bewertet sie subjektiv.

Wünsche und Forderungen

Quiere que las chicas reserven el hotel.	Er möchte, dass die Frauen das Hotel reservieren.
¿**Desea que** le mande información?	Soll ich Ihnen Informationen zuschicken?

Auch im Relativsatz bezeichnet der **subjuntivo** ein gesuchtes bzw. gewünschtes Merkmal.

Buscan un stand que **esté** bien ubicado.	Sie suchen einen Stand, der günstig gelegen ist.

Hoffnungen und Gefühle

Espero que encontremos un vuelo.	Ich hoffe, dass wir einen Flug finden.
¡**Ojalá** tengamos suerte!	Hoffentlich haben wir Glück!
Temo que no quede nada.	Ich fürchte, es ist nichts mehr übrig.
Me alegra que tengamos un stand.	Es freut mich, dass wir einen Stand haben.
Lástima que no esté cerca.	Schade, dass es nicht in der Nähe ist.

unpersönliche und feststehende Ausdrücke

Es necesario que confirme la reserva.	Es ist erforderlich, dass Sie die Reservierung bestätigen.
Es mejor que pague con Visa.	Es ist besser, wenn Sie mit Visa zahlen.
Es posible que haya lugar.	Es ist möglich, dass noch Platz ist.
Cueste lo que cueste.	Koste es, was es wolle.

2 Imperfecto de subjuntivo

Das **imperfecto de subjuntivo** wird von der 3. Person Plural des **indefinido** (z. B. **compraron**) abgeleitet. Es gibt zwei Arten von Endungen, die gleichbedeutend sind: **comprar → comprara/comprase**; **vender → vendiera/vendiese**; **abrir → abriera/abriese**. Die Formen auf **-ra** sind geläufiger als die Formen auf **-se**.

comprar	vender	abrir	estar	poder	ser/ir
compr**ara**	vend**iera**	abr**iera**	**estuviera**	**pudiera**	**fuera**
compr**aras**	vend**ieras**	abr**ieras**	**estuvieras**	**pudieras**	**fueras**
compr**ara**	vend**iera**	abr**iera**	**estuviera**	**pudiera**	**fuera**
compr**áramos**	vend**iéramos**	abr**iéramos**	**estuviéramos**	**pudiéramos**	**fuéramos**
compr**arais**	vend**ierais**	abr**ierais**	**estuvierais**	**pudierais**	**fuerais**
compr**aran**	vend**ieran**	abr**ieran**	**estuvieran**	**pudieran**	**fueran**

Man benutzt das **imperfecto de subjuntivo** hauptsächlich, um Bedingungen auszudrücken, die nicht erfüllbar erscheinen. Im Bedingungssatz mit **si** steht **imperfecto de subjuntivo**, der Hauptsatz steht im **condicional**. Ist die Bedingung erfüllbar, stehen beide Sätze im Präsens.

Si **tuviera** tiempo, **viajaría**.	Wenn ich Zeit hätte, würde ich verreisen.
Si les **vendiéramos** a mitad de precio, **comprarían**.	Wenn wir ihnen zum halben Preis verkaufen würden, würden sie kaufen.

Die Bedingung kann vor- oder nachgestellt werden:

Si **pudiéramos hablar** personalmente, **sería** más fácil.	Wenn wir persönlich miteinander sprechen könnten, wäre es einfacher.
Sería más fácil, si **pudiéramos hablar** personalmente.	Es wäre einfacher, wenn wir persönlich miteinander sprechen könnten.
Si no **tuviera** tanto trabajo, **iría** encantado.	Wenn ich nicht so viel zu tun hätte, würde ich gern fahren.
Iría encantado, si no **tuviera** tanto trabajo.	Ich würde gern fahren, wenn ich nicht so viel zu tun hätte.

Das **imperfecto** von **subjuntivo** wird auch gebraucht, um ...

- Wünsche höflich auszudrücken:
  Quisiera distribuir sus productos. — Ich möchte Ihre Produkte vertreiben.
- Vorschläge zu machen:
  ¿Y si **fueras** a Montevideo? — Und wenn du nach Montevideo fahren würdest?
- Wünsche auszudrücken, deren Erfüllung eher unwahrscheinlich ist:
  ¡Si **hubiera** alguna posibilidad! — Wenn es nur irgendeine Möglichkeit gäbe!
  ¡Ojalá **pudiera**! — Wenn ich doch nur könnte!

3 Ausdrücke mit *subjuntivo* oder Indikativ

Ausdrücke mit **subjuntivo**	Ausdrücke mit **Indikativ**
Meinungsäußerung	
verneint (Man glaubt etwas nicht.)	bejaht (Man glaubt etwas.)
No creo que tarde en llegar.	**Creo que** está en la lista.
Yo **no pienso que** sea conveniente.	**Pienso que** es conveniente.
Möglichkeit	
quizás, tal vez: vielleicht (eher unwahrscheinlich)	a lo mejor, quizás, tal vez: vielleicht (wahrscheinlich)
Quizás llegue pronto.	**A lo mejor** llega pronto.
Quizás venga.	**Quizás** viene.
Tal vez la visite en Granada.	**Tal vez** la visito en Granada.

Zeitangaben

Zukunft	Gegenwart, Vergangenheit
cuando: wenn Visíteme **cuando** vaya a Granada. Besuchen Sie mich, wenn Sie nach Granada kommen.	cuando: immer wenn **Cuando** voy a Granada, visito la Alhambra. Immer wenn ich in Granada bin, besuche ich die Alhambra.
en cuanto: sobald Avíseme, **en cuanto** llegue la clienta. Benachrichtigen Sie mich, sobald die Kundin kommt.	en cuanto: sobald, als **En cuanto** llegó, se tomaron un café. Sobald er angekommen war, tranken sie einen Kaffee.
mientras: solange **Mientras** no llegue el jefe, no puedo hacer nada. Solange der Chef nicht da ist, kann ich nichts unternehmen.	mientras: während, solange Mira la presentación **mientras** espera. Sie schaut sich die Präsentation an, während sie wartet.
antes de que: bevor (Zukunft + Vergangenheit) **Antes de que** se vaya, tiene que firmar. Bevor Sie gehen, müssen Sie (noch) unterschreiben.	antes de + Infinitiv: bevor **Antes de** irse firmó. Er unterschrieb, bevor er ging.

Bedeutungsunterschied

para que: damit Le dejo mi tarjeta, **para que** me llame. Ich lasse Ihnen meine Karte da, damit Sie mich anrufen.	para + Infinitiv: um zu ¿A quién me dirijo **para** preguntar precios? An wen muss ich mich wenden, um die Preise zu erfahren?
aunque: selbst wenn (Möglichkeit) No me importa **aunque** tenga que esperar. Es macht mir nichts aus, selbst wenn ich warten muss.	aunque: obwohl (Tatsache) Están contentos **aunque** tienen mucho trabajo. Sie sind zufrieden, obwohl sie viel zu tun haben.

4 Perfecto de subjuntivo

Das perfecto de subjuntivo wird mit dem presente de subjuntivo von haber + Partizip Perfekt gebildet.

haya llegado	Ojalá **haya pensado** en todo.	Hoffentlich habe ich an alles gedacht.
hayas llegado	Espero que **hayas recibido** mi fax.	Ich hoffe, du hast mein Fax bekommen.
haya llegado	Le agradezco que nos **haya visitado**.	Ich danke Ihnen, dass Sie uns besucht haben.
hayamos llegado	Me alegro de que nos **hayamos conocido**.	Ich freue mich, dass wir uns kennen gelernt haben.
hayáis llegado	Lástima que no lo **hayáis visto** todo.	Schade, dass ihr nicht alles gesehen habt.
hayan llegado	Es posible que **hayan quedado** catálogos.	Möglicherweise sind noch Kataloge da.

Das perfecto de subjuntivo bezieht sich auf die Vergangenheit, hat aber einen unmittelbaren Bezug zur Gegenwart. Es wird meist gebraucht, um Wünsche, Gefühle oder Möglichkeiten auszudrücken.

5 Pluscuamperfecto de subjuntivo + condicional compuesto

Das pluscuamperfecto de subjuntivo bildet man mit dem imperfecto de subjuntivo von haber (hubiera/hubiese) + Partizip Perfekt. Die Formen hubiese, hubieses usw. sind weniger geläufig als die Formen hubiera, hubieras usw.

pluscuamperfecto de subjuntivo		condicional compuesto	
(si) **hubiera**	controlado	**habría**	buscado
(si) **hubieras**	sabido	**habrías**	tenido
(si) **hubiera**	pedido	**habría**	escrito
(si) **hubiéramos**	llegado	**habríamos**	recomendado
(si) **hubierais**	podido	**habríais**	visto
(si) **hubieran**	dicho	**habrían**	venido

Man benutzt diese beiden Formen, um auszudrücken, was in der Vergangenheit geschehen wäre, wenn die Voraussetzungen dazu eingetreten wären. Da diese nicht gegeben waren, ist der Bedingungssatz irreal. Die Bedingung, der „Wenn-Satz“, steht im pluscuamperfecto de subjuntivo, der Hauptsatz steht im condicional compuesto. Die Bedingung kann vor- oder nachgestellt werden. In Ausrufen fehlt sie oft.

Si no **hubiéramos cambiado** de proveedor, no **habríamos tenido** problemas.	Wenn wir den Zulieferer nicht gewechselt hätten, hätten wir keine Probleme bekommen.
No **habríamos tenido** problemas, si no **hubiéramos cambiado** de proveedor.	Wir hätten keine Probleme bekommen, wenn wir nicht den Zulieferer gewechselt hätten.
¡**Habría sido** mejor!	Das wäre besser gewesen.

In der Umgangssprache benutzt man das pluscuamperfecto de subjuntivo häufig auch im Hauptsatz.
¡Nos **hubiéramos ahorrado** muchos dolores de cabeza! (Nos habríamos ahorrado ...)
Hubiera sido mejor para todos. (Habría sido mejor para todos.)
Si no hubiera sido por el tifón, ya **hubieran llegado**. (... ya habrían llegado.)

Modalverben

Um einen Vorwurf wegen versäumter Pflichten oder Möglichkeiten auszudrücken, verwendet man das condicional simple eines Modalverbs + haber + Partizip Perfekt.

Podrían habernos avisado, por lo menos. (Habrían podido avisarnos.)	Sie hätten uns wenigsten benachrichtigen können.
Tendrían que haber esperado el papel. (Habrían tenido que esperar el papel.)	Sie hätten auf das Papier warten müssen.
Deberían habernos informado.	Sie hätten uns informieren sollen/müssen.

13 Gerundio

Das gerundio wird gebildet, indem die entsprechende Endung an den Verbstamm angehängt wird:

regelmäßige Verben		Verben mit Vokalveränderung im Stamm			unregelmäßige Verben	
-ar → -ando	**preparando**	e → i	decir	**diciendo**	leer	**leyendo**
-er → -iendo	**haciendo**	o → u	dormir	**durmiendo**	ir	**yendo**
-ir → -iendo	**escribiendo**	(ebenso: pedir, seguir, venir; poder)			(ebenso: traer, oír, caer)	

Das gerundio wird meist mit dem Hilfsverb estar verwendet. Es dient dann dazu etwas zu beschreiben, das gerade geschieht, ähnlich wie die Verlaufsform im Englischen.

estoy trabajando	Me estoy durmiendo.	Ich bin gerade am Einschlafen.
estás trabajando	¿Qué estás buscando?	Was suchst du (denn da)?
está trabajando	Está leyendo el periódico.	Er/Sie liest (gerade) die Zeitung.
estamos trabajando	Estamos trabajando.	Wir sind beim Arbeiten.
estáis trabajando	¿Qué estáis haciendo?	Was macht ihr gerade?
están trabajando	Están controlando todo.	Sie sind dabei alles zu kontrollieren.

Manchmal benutzt man das gerundio mit einem Vollverb.

Ha entrado protestando.	Er/Sie kam schimpfend herein.
Esperan leyendo el periódico.	Sie warten und lesen dabei/währenddessen die Zeitung.
Ha llamado preguntando por ...	Er/Sie hat angerufen und nach ... gefragt.

Verbindungen des gerundio mit bestimmten Verben haben jeweils eine besondere Bedeutung.

llevar + Zeitangabe + gerundio	betont die Dauer einer Handlung:
Ya llevan dos horas controlando todo.	Sie sind schon seit zwei Stunden dabei alles zu kontrollieren.
ir + gerundio	kennzeichnet sich allmählich abspielende Handlungen:
Van analizando los datos.	Sie analysieren (nach und nach) die Daten.
seguir + gerundio	kennzeichnet einen sich fortsetzenden Vorgang:
¿**Sigue nevando**?	Schneit es immer noch?

In vielen Wendungen steht das **gerundio** allein:

Volviendo al tema ...	Um wieder auf das Thema zurückzukommen, ...
Pasando a otro tema ...	Um ein anderes Thema anzuschneiden, ...
Pensándolo bien ...	Genau genommen ...

Gerundio + Pronomen

Pronomen können vor- oder nachgestellt werden. Nachgestellt werden sie an das **gerundio** angehängt.

direktes Objektpronomen	**Los** estoy buscando.	Estoy buscándo**los**.	Ich suche sie gerade.
indirektes Objektpronomen	**Le** sigo explicando.	Sigo explicándo**le**.	Ich erkläre es Ihnen weiter.
Reflexivpronomen	**Se** están aburriendo.	Están aburriéndo**se**.	Sie langweilen sich.

14 Passiv

1 Passiv

Das Passiv wird mit **ser** + Partizip gebildet. Das Partizip muss in Geschlecht und Zahl an das Subjekt angeglichen werden. Wenn der Urheber der Handlung eine Rolle spielt, wird er mit der Präposition **por** angeschlossen.

Los pormenores **son estudiados por** un asesor.	Die Einzelheiten werden von einem Berater geprüft.
El ganador o la ganadora **será premiado/-a**.	Der Sieger oder die Siegerin wird mit einem Preis belohnt werden.

Man kann alle Zeiten im Passiv bilden. Die gebräuchlichsten sind:

presente	Actualmente **son discutidos** los pormenores.	Zurzeit werden die Einzelheiten diskutiert.
perfecto	**Han sido tomadas** todas las medidas necesarias.	Alle nötigen Maßnahmen sind getroffen worden.
indefinido	Ayer **fue confirmada** la fusión.	Gestern wurde die Fusion bestätigt.
futuro	En los próximos días **serán dados** a conocer los resultados.	In den nächsten Tagen werden die Ergebnisse bekannt gegeben werden.

Das Passiv wird im Spanischen nicht so häufig verwendet. Es kommt vor allem in der geschriebenen Sprache vor. Meistens benutzt man die 3. Person Singular oder Plural.

Zustandspassiv

Das Ergebnis einer passivischen Handlung wird mit **estar** + Partizip ausgedrückt. Das Partizip muss wie ein Adjektiv in Geschlecht und Zahl an das Subjekt angeglichen werden.

La fusión **está confirmada**.	Die Fusion ist bestätigt.
Los contratos **están firmados**.	Die Verträge sind unterschrieben.

2 Unpersönliche Sätze

Unpersönliches **se**

Viel häufiger als Passiv benutzt man Konstruktionen mit unpersönlichem **se**.

Se busca nombre.	(Es wird ein) Name gesucht.
Se sortearán los premios.	Die Preise werden ausgelost werden.

Uno/-a

In Verbindung mit reflexiven Verben benutzt man **uno/-a** statt **se**. **Uno/-a** wird auch gelegentlich bei nicht reflexiven Verben verwendet, wenn der Sprecher / die Sprecherin sich mit einbezieht.

Uno/-a tiene que decidirse.	Man muss sich entscheiden.
Uno/-a hace lo que puede.	Man tut, was man kann.

que

Statt **se tiene que** oder **uno/-a tiene que** benutzt man sehr häufig **hay que** + Infinitiv.

Se tiene que replantear todo.	**Hay que** replantearlo todo.	Man muss alles neu konzipieren.
Uno/-a tiene que actualizarse.	**Hay que** actualizarse.	Man muss sich auf den neuesten Stand bringen.

3. Person Plural

Wenn die Urheber einer Handlung unwichtig sind oder wenn es sich um Behörden, Organisationen usw. handelt, verwendet man oft Sätze mit dem Verb in der 3. Person Plural.

Dicen que muchas veces hay rivalidades.	Man sagt, dass es häufig zu Rivalitäten komme.
Han anunciado lluvias para mañana.	Für morgen wurde Regen angekündigt.
Han llamado de El Corte Español.	Jemand vom Corte Español hat angerufen.

15 Indirekte Rede

Wenn wir über etwas berichten, das jemand gesagt hat, benutzen wir die indirekte Rede. Sie besteht aus einem einleitenden Hauptsatz und einem Nebensatz, der immer mit **que** eingeleitet wird.

Hauptsatz in einer Zeit der Gegenwart/Zukunft

Steht das Verb des Hauptsatzes in **presente**, **perfecto** oder **futuro**, werden die Verbzeiten im Nebensatz beibehalten. Es müssen nur die Pronomen, die Form des Verbs sowie Orts- und Zeitangaben angepasst werden.

«**Yo** lo **hago**.»	Ha dicho que **él** lo **hace**.	Er hat gesagt, er mache es.
«**Estos de aquí** son **mis** libros.»	Ana dice que **esos de ahí** son **sus** libros.	Ana sagt, das (da) seien ihre Bücher.
«**Nosotros** no **podemos ir** a la fiesta.»	Dicen que (**ellos**) no **pueden venir** a la fiesta.	Sie sagen, dass sie nicht zur Party kommen könnten.

Fragen ohne Fragewort werden mit **si** eingeleitet.

«¿Lo comprendes todo?»	Inés pregunta **si** lo comprendo todo.	Inés fragt, ob ich alles verstehe.

Hauptsatz in einer Zeit der Vergangenheit

Steht der einleitende Hauptsatz in einer Vergangenheitszeit, müssen die Verbzeiten im Nebensatz verändert werden.

direkte Rede	indirekte Rede	direkte Rede	indirekte Rede	
			Dijo / Decía / Había dicho	Er sagte / hatte gesagt, ...
presente	imperfecto	**es**	que la calidad **era** lo principal.	die Qualität sei das Wichtigste.
perfecto	pluscuamperfecto	**he sido**	que **había sido** Gerente.	er sei Geschäftsführer gewesen.
indefinido	pluscuamperfecto	**fue**	que la ganadora **había sido** A.	die Siegerin sei A. gewesen.
futuro	condicional	**será**	que G. **sería** el primer producto.	G. werde das erste Produkt sein.

In der gesprochenen Sprache bleiben Verben im **indefinido** häufig unverändert (Dijo que la ganadora **fue** A.).

Der Imperativ wird durch **imperfecto de subjuntivo** wiedergegeben.

«**Tomen** asiento.»	Juan dijo que **tomáramos** asiento.	Juan sagte, wir sollten Platz nehmen.
«**Llámame** mañana.»	Rosa me pidió que **la llamara** mañana.	Rosa hat gesagt, ich solle sie morgen anrufen.

Bildquellen

U1 © Corbis/Zefa, Grace (oben links); © Corbis (Mitte links); © pa/EFE, Cebollada (unten links); © Superbild, RESO (rechts) - S. 6: © Cornelsen, Lalo; S. 7: © pa, May; S. 9: © mauritius-images/age fotostock, Koehli; S. 11: © Comstock (RF); S. 12: © TURESPAÑA: Oficina Española de Turismo, Berlin; S. 13: © Corbis/Zefa, Garcha; S. 17: © pa/KPA, Thomas; S. 18, links: © Getty (RF) - 2. von links: © mauritius-images/age fotostock - 2. von rechts: © mauritius-images, Pöhlmann - rechts: © Comstock (RF); S. 19: © pa, Garriga; S. 20: © Latis; S. 21: © Corbis, Giardino; S. 22, oben: © Corbis/Photo & Co., Reix - unten: © mauritius-images, Mattes; S. 27: © TURESPAÑA: Oficina Española de Turismo, Berlin; S. 28: © mauritius-images/age fotostock; S. 29: © pa/akg-images; S. 33: © Cornelsen, Binder; S. 34: © mauritius-images/age fotostock; S. 36, oben: © Cornelsen, Spahr - unten: © Mauritius/Photo Alto; S. 37: © pa, May; S. 44, oben: © Corbis/Reuters, Marcarian - unten: © Corbis/Reuters, Brindicci; S. 46: © TRIODOS BANK N. V. SUCURSAL EN ESPAÑA; S. 48: © Paradores de Turismo, S.A.; S. 49, oben links: © Getty (RF) - oben rechts: © Comstock (RF); S. 53: © mauritius-images, Mattes; S. 55, oben: © mauritius-images/age fotostock, Larrea - unten: © pa, Engelhardt; S. 61: © pa/dpa/dpaweb, Schrader; S. 62, oben: © Comstock (RF) - unten: © Getty (RF); S. 64: © Cornelsen, Corel Library; S. 67: © Bildunion, Rizvanovic; S. 69: © pa, Effner; S. 72: © Getty (RF); S. 73: © Hertz Autovermietung GmbH; S. 74: © Corbis/Zefa, Klawitter; S. 79: © IFEMA, Feria de Madrid; S. 80: © Feira Internacional de Galicia; S. 81: © pa, Wolfraum; S. 83: © Whitestar, Gumm; S. 84: © mauritius-images/age fotostock, Morsch; S. 85: © Cornelsen, Corel Library; S. 88: © MUY INTERESANTE, GyJ, S.L.; S. 92: © Comstock (RF); S. 95: © mauritius-images, Kupka; S. 98: © Getty (RF); S. 99, oben: © pa/Bildagentur Huber, Gräfenhain - unten: © mauritius-images/Botanica; S. 101: © mauritius-images/Nostock; S. 102: © HARIBO ESPAÑA S.A.; S. 105: © Comstock (RF); S. 110: © Getty (RF)

Textquellen

S. 110: © MUY INTERESANTE, N° 254, julio 2002

Nicht alle Copyrightinhaber konnten ermittelt werden; deren Urheberrechte werden hiermit vorsorglich und ausdrücklich anerkannt.

Spanisch im Beruf

Esp@ñol Profesional 2

Arbeitsbuch

Lösungen

Über was würdest du dich mehr freuen?
Schmuck o. Handtasche?
LV

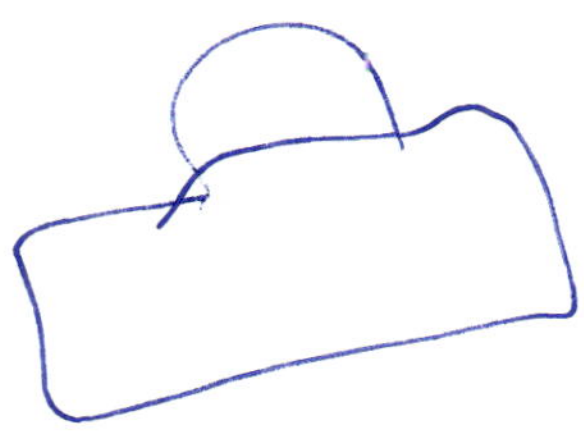

475
480

Cornelsen

Lección 1 ¿Me presento?

1 Lösungsvorschlag

1. El/La **jefe/-a de ventas** va a las ferias y visita a los clientes.
2. El/La **encargado/-a del departamento de Investigación y Desarrollo** es responsable del desarrollo de nuevos productos.
3. El/La **estudiante en prácticas** trabaja una semana en cada departamento.
4. El/La **portero/-a** recibe a las visitas.
5. El/La **encargado/-a / jefe/-a de Marketing** decide las campañas publicitarias.
6. Un/a **empleado/-a administrativo/-a de Contabilidad** controla todas las facturas.
7. El/La **jefe/-a de Recursos Humanos** se ocupa de la formación continua.
8. El/La **director/a general / gerente** hace planes y proyectos para el futuro.

2 Lösungsvorschlag

Un puesto vacante es un lugar de trabajo libre.
Un puesto fijo es un lugar de trabajo seguro / para siempre.
Una sustitución es un trabajo por un tiempo / provisional.
Horario flexible quiere decir que se puede decidir cuándo se quiere trabajar.
Con horario fijo no puedes decidir cuándo empiezas a trabajar.
El teletrabajo es un tipo de trabajo que te permite trabajar desde casa. No tienes que ir siempre a una fábrica u oficina.

3 1-c; 2-d; 3-e; 4-a; 5-b; 6-h; 7-g; 8-i; 9-j; 10-f

4.1 tiene – cuenta – trata – están – es – dedica – especializado – Elabora – importa – garantiza – ofrece – exportan

4.2 1. red, distribución – 2. plantilla – 3. compromiso – 4. filosofía, clima de trabajo – 5. responsables, capital – 6. formación

5 1. diferente – 2. valioso – 3. generosa – 4. exigente – 5. aburrida – 6. imposible – 7. alegre – 8. impaciente
Para conseguir trabajo hay que ser **flexible**.

6.1 Esta clasificación sólo se refiere al presente de indicativo de estos verbos.

Grupo 1 regulares		
-ar	-er	-ir
hablar	comprender	escribir

Grupo 2 con cambios de vocales		
e → ie	e → i	o → ue
empezar, querer, tener	decir, pedir, seguir	encontrar, poder, volver

Grupo 3 irregulares		
ir, haber, ser		

Grupo 4 1ª persona irregular		
-go	-zco	otros
decir, salir, hacer, tener	conocer, traducir	saber, estar

6.2 Los verbos del segundo grupo presentan el cambio vocálico en las tres personas del singular y en la 3ª persona del plural.

7.1 he dormido – has dormido – ha dormido – hemos dormido – habéis dormido – han dormido

7.2 buscar – buscado, volver – vuelto, vivir – vivido, salir – salido, poner – puesto, hacer – hecho, ver – visto, abrir – abierto, llegar – llegado, decir – dicho, vender – vendido, ser – sido, cerrar – cerrado, escribir – escrito, ir – ido

8 1. Acaban de, acabamos de, va a – 2. Acaba de, van a, vamos a – 3. vais/van a, vamos a, Acaban de – 4. vamos a, Van a, Acabamos de, vais/van

9.1 me alegro, te alegras, se alegra, nos alegramos, os alegráis, se alegran

9.2 1. se llama, se llama – 2. te vas, irme – 3. os quedáis, nos quedamos – 4. Te alegras / Se alegra, me alegro – 5. os levantáis / se levantan, nos levantamos – 6. se levantan, se acuestan

10 1. Búscalas – 2. Dúchate – 3. Déjame aquí – 4. Llámala – 5. Págalas; – 6. Tráenosla

11
1. 1-b; 2-c; 3-a; 4-e; 5-d
2. 1-d; 2-c; 3-e; 4-a; 5-b
3. 1-c; 2-a; 3-e; 4-b; 5-d
4. 1-b/c/d/e; 2-b/c/d/e; 3-a/b; 4-b/e; 5-b/c/d/e

12 1. A mí también. - 2. A mí no. - 3. A mí no. - 4. A mí no. - 5. A mí sí. - 6. A mí tampoco.

13
1. les; ¿Y a los chicos? A ellos también.
2. le; ¿Y al abuelo? A él tampoco.
3. nos; ¿Y a vosotros/-as? A nosotros/-as también.
4. les; ¿Y a Pablo y al señor Torres? A ellos también.
5. A mí; ¿Y a usted? A mí también.
6. A nosotros/-as; ¿Y a la señora Sánchez? A ella tampoco.

Lección 2 Nos ponemos en contacto

1 candidato/-a - fotógrafo/-a - contacto - referencias - horario flexible
sustitución - entrevista - teletrabajo - puesto fijo - vacante
carta de presentación - experiencia laboral - conocimientos de idiomas - currículum vitae - interesados/-as

2.1 1. ~~la guía turística~~ - 2. ~~papel~~

2.2
1. 2, 4, 8, 16, **32**, **64**, **128**, **256** (siempre el doble)
2. 5, 10, 15, **20**, **25**, **30**, **35** (múltiples de 5)
3. 7, 11, 13, **17**, **19**, **23**, **29** (números primos)
4. 100, 200, 300, **400**, **500**, **600**, **700** (centenas)
5. malo - peor, bueno - **mejor**, grande - **mayor**, pequeño - **menor** (gradación)
6. alto - bajo, rubio - **moreno**, antipático - **simpático**, casado - **soltero** (antónimo)

3.1 1-b; 2-e; 3-d; 4-c; 5-a

3.2 1-c; 2-d; 3-e; 4-a; 5-b

4.1
1. 1-d; 2-a; 3-b; 4-c
2. 1-c; 2-d; 3-a; 4-b
3. 1-c; 2-d; 3-b; 4-a
4. 1-c; 2-d; 3-b; 4-a - 5. 1-b; 2-a; 3-c; 4-d

5 1. En primer lugar - 2. No pasa nada. - 3. Manos a la obra. - 4. En espera de sus noticias.

6 ganar: gané, **ganaste**, **ganó**, **ganamos**, **ganasteis**, **ganaron**
pagar: **pagué**, pagaste, **pagó**, **pagamos**, **pagasteis**, **pagaron**
tener: **tuve**, **tuviste**, tuvo, **tuvimos**, **tuvisteis**, **tuvieron**
subir: **subí**, **subiste**, **subió**, subimos, **subisteis**, **subieron**
hacer: **hice**, **hiciste**, **hizo**, **hicimos**, hicisteis, **hicieron**
tocar: **toqué**, **tocaste**, **tocó**, **tocamos**, **tocasteis**, tocaron
escribir: **escribí**, **escribiste**, **escribió**, **escribimos**, **escribisteis**, **escribieron**

7 Me - te - Me - les - nos - os - os - -me/-nos - os

8
1. Para informarse **miró** en Internet y ¡**compró** chocolate!
2. Después **fue** a la Cámara de Comercio y **pidió** más información.
3. **Habló** con un señor muy amable que **le** dio unos folletos.
4. **Escribió** la carta de presentación y **quiso** mandarla.
5. **Buscó** una foto adecuada, pero no **encontró** ninguna.
6. **Fue** rápido al centro y **se hizo** fotografiar.
7. **Volvió** a casa y **envió** la carta.
8. La semana pasada **recibió** una invitación.
9. Ayer **estuvo** en la empresa. **Le** hicieron mil preguntas ...
10. **Tuvo** que hacer un test. Pero **cree** que lo **hizo** bastante bien.

9 1. Fui - 2. Fuiste, fui - 3. hiciste, presenté - 4. fue - 5. gustó, pareció - 6. preguntaron - 7. estuviste, dije - 8. trabajaste - 10. hiciste

10 perfecto: nunca, esta semana, siempre, hasta ahora, hoy, esta semana, ahora, este año, hoy mismo, hace poco
indefinido: el otro día, el domingo pasado, antes de las vacaciones, el día de mi cumpleaños, ayer, la semana pasada, anoche, hace mucho, anteayer, el miércoles pasado

11 1. han trabajado, trabajaron - 2. han ido, fueron - 3. ha desayunado, desayunó - 4. hubo - 5. hizo, estuvo

12 1. te - 3. me - 4. Yo - 5. A mí - 6. Para mí - 7. Para mí - 8. nos

14.1 b - Revista especializada en turismo
a - Acreditada empresa internacional

Lección 3 ¿No está satisfecha?

1.1 **aconsejar**: el **consejo** – (bien/mal) aconsejado/-a/-os/-as
concentrarse: la concentración – **concentrado/-a/-os/-as**
dibujar: el **dibujo** – dibujado/-a/-os/-as
equipar: el **equipo** – (bien/mal) **equipado/-a/-os/-as**
exigir: la **exigencia** – **exigente**
probar: el **probador** – probado/-a/-os/-as
regalar: el **regalo** – regalado/-a/-os/-as
soñar: el **sueño** – soñado/-a/-os/-as
unir: la unión – **unido/-a/-os/-as**

1.2 comprobar, comprobación desconcentrado/-a/-os/-as; desaconsejar, desdibujarse
reunir, reunido/-a/-os/-as; reprobar

2 1. identificarse – 2. mantenerse – 3. acostumbrarse – 4. merecerse – 5. ponerse – 6. integrarse – 7. adaptarse – 8. hacerse
Hay que **intentar**lo todo.

3 la canción de protesta – el grupo de trabajo – el control de calidad – el vestido de noche

4.1 un buen día – hoy en día – al mismo tiempo – de vez en cuando – a la vez – en primer lugar – antes – poco a poco – ayer – por último – entonces

4.2 gleichzeitig = a la vez; einerseits = por un lado; sodass = de modo que; andererseits = por otro lado; nach und nach = poco a poco; zuletzt = por último

5 1. el che – 2. los patios – 3. llorar – 4. nacer

6.1 1-b; 2-c; 3-a; 4-f; 5-d; 6-e

6.2 1-c; 2-a; 3-b; 4-f; 5-d; 6-e

7 Lösungsvorschlag
1. ¿Te has integrado bien en el equipo?
2. ¿Te has acostumbrado a jugar con nosotros/-as?
3. ¿Estás contento/-a / satisfecho/-a con todo?
4. Nosotros/-as también estamos contentos/-as contigo.
5. De modo que, si quieres, puedes seguir aquí / con nosotros/-as.
6. Es que necesitamos más gente. / En cualquier caso, necesitamos más gente.
7. Es una oportunidad única.
8. El problema es que justo ahora ...

8 trabajar: trabajaba, **trabajabas, trabajaba, trabajábamos, trabajabais, trabajaban**
tener: **tenía**, tenías, **tenía, teníamos, teníais, tenían**
vivir: **vivía, vivías**, vivía, **vivíamos, vivíais, vivían**
ir: **iba, ibas, iba**, íbamos, ib**ais, iban**
ser: **era, eras, era, éramos**, erais, **eran**

9 ser – era; estar – estaba; hay – había
1. estaba, era – 2. Estaba, Había – 3. estaba, eran – 4. Eran, Estaban – 5. había, estaba – 6. era, Estaba

10 1. eran, funcionaban – 2. trabajaba, controlaba – 3. eran, producían – 4. había, estaban – 5. iba, venía – 6. era, costaban

11 1. vivía – 2. era – 3. había – 4. dijo – 5. fueron, reservaron – 6. quería – 7. tenía, pasaba – 8. tenía – 9. Fue, viajó – 10. gustó

12 has vuelto – Llegué – Vine – estaban – conociste – jugaban – hicimos – conversamos – Eran/Son – hicisteis / habéis hecho – he hablado – han dicho – era – Era – Había – estaba – has pasado – he estado – he trabajado y he terminado

17.1 Indefinido: vinieron – pensaron – fue – nacimos – fue – compramos – dijimos – crecimos – vinieron – vendimos – favoreció – llegaron
Imperfecto: era – podían – trabajábamos – teníamos – sabíamos – eran – iba – decían

17.2 **grandes superficies** – supermercados gigantes
poner en la calle – **despedir (entlassen)**
"no joder a nadie" – ser correcto, no molestar
cobrar lo justo – **cobrar lo necesario, ni más, ni menos**

Lección 4 Orden del día

1.1 una región geográfica – la península ibérica – un paisaje montañoso – el kilómetro cuadrado – una comunidad autónoma – la población nacional – la infraestructura tecnológica – un país pobre

1.2 la experiencia laboral – la formación continua – un documento imprescindible – la tasa impositiva – una solución ingeniosa – un problema urgente – una oportunidad única – un secreto profesional

2
1. 1-b; 2-e; 3-f; 4-a; 5-d; 6-c
2. 1-e; 2-a; 3-b; 4-f; 5-c; 6-d

3 algo ≠ nada – alguien ≠ nadie – algún ≠ ningún – alguno ≠ ninguno – alguna ≠ ninguna

4

dentro de poco	bald
antes que nada	zu (aller)erst
hoy mismo	noch heute
mañana como más tarde	spätestens morgen
hace poco	vor kurzem
hace algún tiempo	vor einiger Zeit
desde hace diez años	seit 10 Jahren
antes	früher
al mediodía	mittags
por la tarde	nachmittags
en cualquier momento	irgendwann, sobald möglich
a partir de ahora	von jetzt / nun an
en primer lugar	zunächst
después	danach
a continuación	anschließend
más tarde	später

5.1 Lösungsvorschlag
cualquier cosa = irgendetwas – a cualquier precio = egal zu welchem Preis / koste es, was es wolle – uno cualquiera = irgendein/e – cualquiera de los dos = irgendeiner/-e/-s von beiden – a cualquier hora = wann immer – en cualquier tienda = in irgendeinem Geschäft – cualquiera puede ayudarle = jede/r kann Ihnen helfen – cualquier pregunta = irgendeine Frage

6 Lösungsvorschlag
un precio – interesante, bajo, buenísimo, favorable, competitivo
una idea – brillante, interesante, innovadora, excelente
una propaganda – espectacular, innovadora, divertida, excelente
unos productos – competitivos, buenísimos, modernos, estupendos
un jefe – activo, simpático, innovador, brillante, agradable
un negocio – estupendo, brillante, magnífico, extraordinario
una cerveza – excelente, estupenda

7 había ido – **habías** ido – **había** ido – **habíamos** ido – **habíais** ido – **habían** ido

8 Lösungsvorschlag
1. Alicia tomó un taxi porque se había levantado tarde.
2. Carla no comió nada porque **ya había comido en el avión.**
3. Maribel se fue de la casa **porque había discutido con Hugo.**
4. Las chicas durmieron la siesta, **¡habían bailado toda la noche!**
5. Nuria fue sola al cine porque José **ya había visto la película la semana pasada.**
6. Alberto y Ricardo tenían un hambre terrible. **Claro, habían jugado al fútbol toda la tarde.**
7. Juanita leyó otra vez El Quijote. **Lo había leído en la escuela, pero no había comprendido nada.**
8. Paola y Rubén fueron otra vez a Mallorca. **Ya habían ido una vez hace mucho y les había gustado.**

9.1 1. Desde cuándo – 2. desde hace – 3. desde hace – 4. Desde ayer – 5. Desde hace – 6. desde hace

9.2 1. Desde – 2. Desde que – 3. Desde entonces – 4. Desde hace – 5. Desde que

10 1. Alguna, ninguna – 2. Algún – 3. nadie – 4. alguno(s), ninguno – 5. alguna(s) – 6. algo, nada – 7. ninguna, alguna(s)

11 alguna – nadie – algunas – ninguna – algunos – algo – alguien – cualquier

12 Para disculparse

Lo siento.	Es tut mir Leid.
lamentablemente	leider
Hay un pequeño problema.	Es gibt ein kleines Problem.
pero por supuesto	aber selbstverständlich

Para aceptar una disculpa

¡Ningún problema!	Kein Problem!
No importa.	Macht nichts!
Comprendo.	Ich verstehe.
No se preocupe.	Machen Sie sich keine Sorgen.

13
1. fundó - tenía - Trabajaban - Eran - divertían - ganaban
2. entró - había sido - introdujo - era - recibía - llegaban - podían
3. compraron - eran - estaban - empezaron - iban - ganaban
4. montaron - aumentaron - Contrataron - Automatizaron - Sacaron

15.2 Lösungsvorschlag
1. Es una carta de la empresa Chic & Tincitos S.L.
2. Es una empresa que fabrica, distribuye y vende zapatos para niños.
3. La empresa necesita informaciones sobre la población y el mercado de Huesca.
4. Quiere abrir sucursales en otras Comunidades Autónomas, planea montar una gran superficie o un almacén.

Lección 5 Una auditoría

1 una auditoría - el aniversario - el botellón - la organización - el laboratorio - las palmeras - la terminación - el funcionamiento - el parque - la radiografía - el encargado - la pantomima

2.1 1-c; 2-a; 3-b; 4-f; 5-d; 6-e; 7-h; 8-i; 9-g

2.2 A ver - sino - Vale - Es que - por eso - Si no - si

3.1
1. fundar - lograr - formar - contar - soñar; oír - decir - cumplir - enfriar - esquiar; abrir - pedir - querer - hacer - salir
2. obtener - ordenar - diseñar - reducir - adaptar; mejorar - protestar - consumir - programar - comprobar
3. someterse - desarrollar - despertarse - reconocer - satisfacer; adivinar - entenderse - investigar - extenderse - empaquetar

4 1. protestar - 2. fundar - 3. obtener, estudiar - 4. desarrollar, diseñar - 5. adaptar - 6. satisfacer - 7. lograr - 8. extenderse

5.1 Verbos del grupo -ar, terminación **-ando**, verbos del grupo -er e -ir, terminación **-iendo**.

5.2

Etwas geschieht gerade.	**está pasando**
Etwas spielt sich allmählich ab.	**va pasando**
Eine Handlung setzt sich fort.	**sigue pasando**
Eine Handlung dauert an.	**lleva pasando**

6.1 Lösungsvorschlag
1. Manuel está pagando la cuenta.
2. Miriam y Rodrigo están esperando la comida.
3. Yo estoy tomando un aperitivo.
4. Nosotros estamos comiendo unas tapas.
5. Vosotros estáis conversando.
6. Tú estás escribiendo un mensaje.
7. Josefina está/sigue leyendo el periódico.
8. El camarero está/va trayendo las bebidas.
9. Un niño pequeño está durmiendo en el coche.
10. La Sra. González está pidiendo la carta.
11. El ingeniero está diciendo algo importante.
12. Unos señores están saliendo del restaurante.

6.2
1. Manuel está pagando la cuenta. La está pagando. Está pagándola.
2. Miriam y Rodrigo están esperando la comida. La están esperando. Están esperándola.
3. Yo estoy tomando un aperitivo. Lo estoy tomando. Estoy tomándolo.
4. Nosotros estamos comiendo unas tapas. Las estamos comiendo. Estamos comiéndolas.
5. Vosotros estáis conversando. -
6. Tú estás escribiendo un mensaje. Lo estás escribiendo. Estás escribiéndolo.
7. Josefina está/sigue leyendo el periódico. Lo sigue leyendo. Sigue leyéndolo.
8. El camarero está/va trayendo las bebidas. Las va trayendo. Va trayéndolas.
9. Un niño pequeño está durmiendo en el coche. -
10. La Sra. González está pidiendo la carta. La está pidiendo. Está pidiéndola.
11. El ingeniero está diciendo algo importante. Lo está diciendo. Está diciéndolo.
12. Unos señores están saliendo del restaurante. -

7 estás - Estoy - llevo - vas - ir - sigues - llevo - sigues - va - vamos - estoy - voy - seguimos

8 Lösungsvorschlag

1. ¿Y las facturas? – Las estoy buscando, pero no las encuentro.
2. Las estoy esperando. – ¿Las necesita ahora mismo / ya?
3. Sí. ¿Y la carta? La tengo que firmar. – La estoy escribiendo.
4. ¿Y el pedido? Lo necesito rápido. – Lo estoy controlando. Hay un error.
5. ¿Y las llaves? No las tengo. ¿Dónde están? – Pedro las está/sigue buscando, pero no están aquí/ahí.
6. ¿Y los catálogos? Hay que enviarlos. / Tenemos que mandarlos. – Los estoy preparando. Ahora mismo los traigo.

9 1. si no – 2. sino – 3. sino, si no – 4. sino – 5. Si no

10 Lösungsvorschlag

¡Tanto tiempo!	Wie lange ist das her! / Wie lange haben wir uns nicht gesehen!
Me alegro de hablar con usted.	Ich freue mich mit Ihnen sprechen zu können.
Tiene razón.	Sie haben recht.
Volviendo al tema ...	Um auf das Thema zurückzukommen ...
Pasando a otro tema / Cambiando de tema ...	Um ein anderes Thema anzuschneiden, ...
Pensándolo bien ...	Genau genommen ...

11 Lösungsvorschlag

Don Rogelio está asando la carne.
El señor Navarro y Alicia están comiendo unos sándwiches.
Carmen y Ana María están discutiendo con entusiasmo.
Pablo está bailando con una chica muy guapa.
Isabel y Belén están jugando al fútbol (con un chico).
Marcela está saludando a los invitados.
Manuela está preparando la ensalada.
Felipe está bebiendo de un porrón.
Lito está llevando gafas de sol.
Antonio está leyendo el periódico.
Javier se está aburriendo.
Susana y su marido están bajando del coche.

12.1 4 – 5 – 3 – 1 – 2

12.2

1. Llevarse la comida al trabajo **está de moda otra vez.**
2. Se llevan la comida para **ahorrar dinero (y tiempo).**
3. La fiambrera permite **comer donde se prefiere.**

Lección 6 ¡Sin financiación, imposible!

1 1. cuota – 2. requisitos – 3. efectivo – 4. devolución – 5. intereses – 6. tarjetas – 7. oportunidad – 8. subvención

2 1-c; 2-a; 3-b; 4-e; 5-f; 6-d

3 1. = – 2. ≠ – 3. ≠ – 4. = – 5. ≠ – 6. ≠

4 poner en marcha – atender a un cliente – invertir en un proyecto – amortizar en cuotas – estar de vuelta – contar con una ayuda – consistir en tres partes

5 1. rellenar un formulario – 2. intercambiar informaciones – 3. reunir los requisitos – 4. conceder un crédito – 5. financiar un proyecto – 6. solicitar una subvención

6.1 1-c; 2-a; 3-d; 4-e; 5-b; 6-g; 7-f; 8-h; 9-j; 10-i

6.2 Lösungsvorschlag

A Gracias a su ayuda vuelvo a tener trabajo mientras que mi hermana sigue buscando.
B En cuanto a su hermana, no puedo hacer nada. Tiene que terminar los estudios antes.
A Ya no tiene ganas y eso que ya casi ha terminado.
B Por eso tiene que hablarle / hablar con ella.
A Llevo intentándolo desde hace tiempo.

7.1

e → ie	e → i	o → ue
cerrar, empezar, pensar, preferir, querer, tener, venir	decir, elegir, pedir, repetir, seguir	almorzar, costar, encontrar, llover, poder, probar, volver

7.2

1. Puedo – vuelve – Quiere – elegido – dice/repite
2. siguen – almuerzan – prefieren – empiezan – cierran

8.1 estar: estaré, **estarás, estará, estaremos**, estaréis, **estarán**
atender: **atenderé**, atenderás, **atenderá**, atenderemos, **atenderéis, atenderán**
invertir: **invertiré, invertirás**, invertirá, **invertiremos, invertiréis**, invertirán

8.2 **hacer**: haré – **harás** – **hará**
haber: **habré** – habrás – **habrá**
poner: **pondré** – **pondrás** – pondrá
poder: podré – **podrás** – **podrá**
ir: **iré** – **irás** – **irá**
decir: diré – **dirás** – **dirá**
salir: saldré – **saldrás** – **saldrá**
saber: **sabré** – sabrás – **sabrá**
venir: vendré – **vendrás** – vendrá
tener: **tendré** – **tendrás** – **tendrá**

9.1 1. ¿Cuándo será el partido? – 2. Podremos conseguir entradas. – 3. Habrá alguna posibilidad. – 4. Los equipos llegarán el martes. – 5. Nosotros iremos el jueves. – 6. ¿Viajaréis todos juntos? – 7. Tendremos que alquilar un autobús. – 8. ¿Quién ganará?

9.2 1. Habrá ido mucha gente. – 2. No habrán quedado entradas. – 3. Nuestro equipo habrá sido el mejor. – 4. Habrán hecho una gran fiesta.

10 estará – habrá venido – estará – Se habrá olvidado – habrá tenido – habrán conocido – vendrá – habrá dicho – Habrá querido

11 empleado del banco: 1, 2, 4, 6, 7
cliente: 3, 5, 8

12 Lösungsvorschlag

¿Así que quieren poner en marcha el proyecto?	**Sie möchten also das Projekt verwirklichen?**
Sí, lo más rápido posible.	Ja, so schnell wie möglich.
¿En qué consiste el proyecto?	Worin besteht das Projekt?
Queremos construir otra nave.	**Wir möchten eine neue Fertigungshalle errichten.**
En este caso necesita/necesitará un crédito.	In diesem Fall brauchen Sie einen Kredit.
Es verdad, sin dinero no vamos a poder hacer nada.	**Stimmt, ohne Geld werden wir nichts machen können.**
Seguramente ya habrán pensado en todo, ¿verdad?	Sie werden sicherlich schon an alles gedacht haben, oder?
Claro. Todo depende de la financiación.	**Natürlich, es hängt alles von der Finanzierung ab.**

Lección 7 Comida de negocios

1.1 1. ~~sentimiento~~ – 2. ~~lenguado~~ – 3. ~~aperitivo~~ – 4. ~~lifting~~

1.2 1. productos – 2. publicidad – 3. eslogan – 4. marketing

2 1–c; 2–g; 3–f; 4–h; 5–e; 6–a; 7–b; 8–d

3.1 el grupo meta
el mercado saturado
la campaña publicitaria
el lanzamiento del / de un producto
el plan de marketing
el posicionamiento en el mercado

4 Lösungsvorschlag
1. atractiva, dulce, romántica – 2. elegante, joven, romántico/-a – 3. sugestivo – 4. espectaculares, dulces – 5. exquisito – 6. atractivo, espectacular – 7. elegante

5

consultar	la consultoría
diferenciarse	**la diferencia**
molestar	la molestia
imaginarse	**la imaginación**
competir	la competencia
elegir	**la elección**
desear	el deseo
anunciar	**el anuncio**

6.1 ENTRADAS
~~ensalada asada~~
~~gazpacho relleno~~
~~sopa de adrenalina~~
CARNES
~~chuleta de gambas~~
~~cerdo romántico~~
~~cordero de ternera~~

PESCADOS Y MARISCOS
~~salmón al sol~~
~~paella energética~~
~~fresas al ajillo~~
POSTRES
~~flan con salsa chocante~~
~~helado saturado~~
~~gato de chocolate~~

7.1 estar: estaría, **estarías**, **estaría**, **estaríamos**, estaríais, **estarían**
ser: **sería**, serías, **sería**, seríamos, **seríais**, **serían**
escribir: **escribiría**, **escribirías**, escribiría, **escribiríamos**, **escribiríais**, escribirían

7.2 venir: **vendría** – **vendrías** – vendría
tener: **tendría** – **tendrías** – **tendría**
poner: **pondría** – **pondrías** – pondría
poder: podría – **podrías** – **podría**
hacer: haría – **harías** – **haría**
haber: **habría** – habrías – **habría**
salir: saldría – **saldrías** – **saldría**
saber: **sabría** – sabrías – **sabría**
ir: **iría** – **irías** – **iría**
decir: diría – **dirías** – **diría**

8 Lösungsvorschlag

1. Querría hablar del problema con usted. / Me gustaría comentar el problema con usted.
2. Me gustaría ayudarte. / Querría ayudarte.
3. Nos tendríamos que encontrar algún día.
4. Pienso que deberíais hacer más publicidad/propaganda.
5. Debería / Tendría que lanzar un nuevo producto.
6. Habría que pensarlo bien.
7. Y tú, ¿qué harías? / ¿Qué harías?
8. ¿Podría venir a mi despacho/oficina?
9. Debería / Tendría que haber alguna posibilidad, ¿verdad?
10. ¿Vendríais en coche?
11. ¿Podríamos comer juntos/-as?
12. ¿Os iría bien a las dos?

9 Lösungsvorschlag

1. Yo haría algo.
2. Yo estudiaría o trabajaría.
3. Yo también tocaría la guitarra.
4. Pero no dormiría todo el día.
5. Yo me levantaría siempre.
6. Yo leería el periódico de vez en cuando y miraría la tele todos los días.
7. Yo cocinaría alguna vez.
8. Yo también saldría los fines de semana.

10 Lösungsvorschlag

1. Tendríamos que / Deberíamos haber reservado una mesa.
2. Tendrías que / Deberías haber comprado un coche nuevo.
3. Tendrían que / Podrían haber pagado ya.
4. Deberíais / Tendríais que / Podríais haber salido ya.
5. Debería/Podría haber llamado.
6. No debería haber bebido tanto.
7. Alguien tendría que / podría haber pensado en eso.
8. Podrían haber salido de vacaciones algún día.
9. Debería / Podría haber explicado mejor el tema.
10. Deberían / Tendrían que haber hecho los deberes.

11 Lösungsvorschlag

1. antes – 2. mañana, esta tarde – 3. esta tarde, el sábado – 4. antes de venir – 5. ayer, anoche – 6. siempre – 7. otra vez – 8. anoche, ayer – 9. antes, anoche, ayer – 10. ya, ahora

13 Camarero: 1, 3, 4, 6, 8
Cliente: 2, 5, 7

Lección 8 ¿Voy bien por aquí?

1 1. el ayuntamiento – 2. la letra de imprenta – 3. la matrícula – 4. la ventanilla – 5. guiar – 6. ir a buscar

2 1-b; 2-c; 3-d; 4-a; 5-g; 6-h; 7-f; 8-e

3

1. **contactar**	el contacto
2. atender	**la atención**
3. **conducir**	el conductor
4. navegar	**la navegación**
5. **cruzar**	el cruce
6. disminuir	**la disminución**
7. **volver**	la vuelta
8. describir	**descripción**
9. entregar	**la entrega**
10. **decidir**	la decisión

4 1. alternativa – 2. vehículos – 3. izquierda – 4. consecuencias – 5. ambiente – 6. matrícula – 7. ventanilla – 8. recibo
Lo que más conviene es **alquilar** un coche.

5.1 1. 1–b; 2–f; 3–a; 4–c; 5–d; 6–e
2. 1–f; 2–d; 3–e; 4–b; 5–a; 6–c

5.2
A Para mí, el trabajo es muy importante: **Si no** trabajo, no como.
B ¡Ah! ¡**Por eso** trabajas tanto!
C ¿**O sea que** tú trabajas sólo **para** vivir?
A Pues sí, es la verdad. **Aunque** mi trabajo es interesante.
B Yo también prefiero el tiempo libre, **sobre todo** en verano.
C Para mí, el trabajo no es trabajo **sino** una forma agradable de pasar el tiempo.
B Bueno, **como** tú eres pintora ...
C Pues sí, trabajo diez horas por día y **sin embargo** nunca estoy cansada.

5.3 1. sin embargo – 2. aunque – 3. sobre todo – 4. Como – 5. Por eso

6.1

1. **ir a buscar** a alguien	jdn. abholen
2. **presentar** a alguien	jdn. vorstellen
3. **servir** a alguien	jdn. bedienen
4. **agradecer** a alguien	jdm. danken
5. tener **muy poco tiempo**	sehr wenig Zeit haben
6. tener mucha **prisa**	es eilig haben
7. tener que **hacer un desvío**	einen Umweg machen müssen
8. tener que **volver**	umkehren müssen

7
comprar: compra – **compre** – comprad – **compren**
vender: **vende** – venda – **vended** – **vendan**
escribir: **escribe** – **escriba** – **escribid** – escriban
explicar: explica – **explique** – explicad – **expliquen**
cerrar: **cierra** – cierre – **cerrad** – **cierran**
pagar: **paga** – **pague** – **pagad** – paguen
volver: **vuelve** – vuelva – volved – **vuelvan**
tener: **ten** – tenga – **tened** – **tengan**

8 1. Sí, fírmelo. – 2. Sí, resérvala. – 3. Sí, léalas. – 4. Sí, tráigalos. – 5. Sí, pruébalo. – 6. Sí, llámelos. – 7. Sí, preparadla. – 8. Sí, alquílenla.

9

1 ¡Dúchate!	Tienes que ducharte.
2. ¡Llámeme!	¿Puede llamarme?
3. ¡Llámala!	¿Vas a llamarla?
4. ¡Visitadlo!	¿Vais a visitarlo?
5. ¡Siéntense!	¿No quieren sentarse?
6. ¡Póngase cómodo!	Puede ponerse cómodo.

10 1. ¡Dámelo! – 2. ¡Tómatela! – 3. ¡Tráigamelos! – 4. ¡Llevádselos! – 5. ¡Escríbesela! – 6. ¡Entrégueselos! – 7. ¡Póntelas! – 8. ¡Déjeselos!

11 Lösungsvorschlag
1. Espere un momento, por favor.
2. Rellene el formulario, por favor.
3. Escriba su dirección en letra de imprenta.
4. Ponga/Escriba el código postal a la izquierda / delante del nombre del lugar.
5. Firme aquí debajo, por favor.
6. Dese prisa, por favor, que ya estamos cerrando.
7. Señor Gutiérrez, prepare mi factura, por favor.
8. Llámenos mañana por la mañana.

12 1–e; 2–d; 3–c; 4–f; 5–a; 6–b

15 4 – 3 – 2 – 1 – 5

Lección 9 Nuevas instalaciones

1 1. un pasillo – 2. un metro cuadrado

2 Lösungsvorschlag
los muebles: cómodos – futuristas – ergonómicos – regulables – modulares – confortables – acogedores – clásicos
la luz: regulable – decente – fuerte – fría – cálida – difusa – indirecta
los colores: claros – oscuros – decentes – fríos – cálidos
el ambiente: futurista – confortable – acogedor – frío – cálido – ordenado

3 1. 1–c; 2–a; 3–d; 4–e; 5–b
2. 1–e; 2–c; 3–a; 4–d; 5–b

4 1. plantas – 2. ergonómico – 3. económico – 4. interiorista – 5. iluminación – 6. escritorio – 7. espalda
Lo que es importante es la **armonía**.

5 de - a - en - a - de - de - para - de - por - a

6

allá mismo	genau dort
esta misma semana	(noch) in dieser Woche
ahora mismo	sofort
los mismos precios	die gleichen Preise
aquí mismo	genau hier
hoy mismo	(noch) heute
el mismo problema	das gleiche Problem
las mismas preguntas	die gleichen Fragen

7

1. No, no me traigas nada.
2. No, no me des nada.
3. No, no me busques nada / ningún jersey.
4. No, no me hagas nada.
5. No, no me ayudéis en nada.
6. No, no pidáis nada.
7. No, no la abráis.
8. No, no me preparéis la cama.
9. No, no lo llaméis.
10. No, no la pongáis.
11. No, no me llames.
12. No, no se lo digáis.

8

1. No trabaje tanto.
2. Deje de fumar.
3. No tome tanto café.
4. Haga más deporte.
5. Vaya a la oficina a pie.
6. No use el ascensor.
7. Suba por la escalera.
8. Salga a pasear dos veces al día.
9. No mire la televisión por la noche.
10. No (se) olvide (de) tomar los medicamentos.

9

1. traes - traigo
2. llevar - traeme - llevar - Trae - llevo - trae
3. traído - traído.

10 suele - deja de - empieza a / ponte a - vuelves a - Acaba de - te pones a / empiezas a - pienso

11 Cuando - si - cuando - Cuándo - si - Si - Sí

12 en un banco: 1. 3, 4, 6, 7, 8, 9
en una tienda: 1, 4, 7, 8
en un restaurante: 1, 2, 5, 10

13

1. ¡Déjate de bromas!	Lass den Unsinn! / Mach keinen Blödsinn!
2. ¡No vuelvas a decir eso!	Sag das nicht noch einmal!
3. ¡No pienses mal de mí!	Denk nicht schlecht von mir!
4. ¡No te pongas así!	Reg dich nicht so auf!
5. **¡No olvides llamarme! / ¡No te olvides de llamarme!**	Vergiss nicht, mich anzurufen!
6. **¡No me digas que es verdad!**	Sag bloß nicht, dass das stimmt!
7. **Tengo que decirte algo. ¡No te vayas todavía!**	Ich muss dir was sagen, geh noch nicht weg!
8. **¡No te preocupes! Todo saldrá bien.**	Mach dir keine Sorgen. Es wird alles gut gehen.

14.1 Lösungsvorschlag
Bodega(s) Toro Viejo S.L., ¡buenos días!
El señor Pérez no está en este momento, pero volverá en seguida. ¿Quiere dejar(le) un mensaje?
De acuerdo, hasta luego/entonces. Gracias por su llamada.

14.2 Lösungsvorschlag
Hola Carlos, ¿eres tú?
Bien, ¿y tú? ¿Qué tal el trabajo?
No, esta tarde tengo que trabajar. Si quieres, vamos mañana.

15.1 Lösungsvorschlag

1. Los colores influyen en los clientes y empleados.
2. Los colores son importantes tanto en las tiendas y en las oficinas como en casa.
3. Son importantes porque pueden ayudar a vender más y además hacen sentirse bien a los empleados.
4. Para elegir los colores de un ambiente hay que tener en cuenta su significado, porque los colores actuan sobre el subconsciente.

15.2 Lösungsvorschlag
farmacia - blanco, quizás también verde o rosa
joyería fina - negro, violeta
perfumería - rojo, violeta
guardería - verde, amarillo
tienda de moda joven - naranja
sala de espera del dentista - azul, rosa
restaurante - blanco, verde, amarillo
biblioteca - azul, rosa, marrón

Lección 10 Empieza el estrés

1 ida y **vuelta** – propaganda boca a **boca** – libro de **reclamaciones** – servicio de a **bordo** – ubicado en pleno **centro** – tres habitaciones **dobles** – veinte metros **cuadrados** – manos a la **obra** – tarjeta de **crédito**

2
1. 1–c; 2–d; 3–b; 4–e; 5–a
2. 1–b; 2–d; 3–e; 4–a; 5–c

3 Lösungsvorschlag

La feria **es** / **tiene lugar** en abril.
El local **está** / **se encuentra** en pleno centro.
Puede **elegir** / **servirse** a su gusto.
Ha decidido **presentar** / **mostrar** sus productos.

4

quejarse	**la queja**
equivocarse	la equivocación
entender mal	**el malentendido**
solucionar	la solución
proponer	**la propuesta**
interrumpir	la interrupción

5 Lösungsvorschlag

aclarar el malentendido – explicar la situación – solucionar el conflicto – escuchar las quejas – mantener la calma
anotar las propuestas – arreglar el asunto
reconocer el error – buscar la salida – aclarar la equivocación – perdonar el retraso – disculpar la molestia – prometer una solución – olvidar el problema

6 pasajeros – insatisfechos – retraso – calefacción – acondicionado – entrenamiento – suficiente – origen – efectiva

7 ida ≠ vuelta – insatisfecho = descontento – positivo ≠ negativo – igual ≠ diferente – arreglar = solucionar – deber = tener que

8 tranquilo ≠ intranquilo – conocido ≠ desconocido – conveniente ≠ inconveniente – contento ≠ descontento – concentrado ≠ desconcentrado – comparable ≠ incomparable – conocido ≠ desconocido – efectivo ≠ inefectivo – posible ≠ imposible – probable ≠ improbable

9 comprar: compre, **compres, compre, compremos, compréis, compres**
leer: **lea**, leas, **lea, leamos, leáis, lean**
decir: **diga, digas**, diga, **digamos, digáis, digan**
conocer: **conozca, conozcas, conozca**, conozcamos, **conozcáis, conozcan**
ir: **vaya, vayas, vaya, vayamos**, vayáis, **vayan**
pensar: **piense, pienses, piense, pensemos, penséis, piensen**
volver: **vuelva, vuelvas, vuelva, volvamos, volváis, vuelvan**

10
1. Es importante que **tenga** experiencia.
2. Lo principal es que **trabaje** independientemente.
3. Es necesario que **haga** bien todo.
4. Pero es importante que se **integre** bien en el equipo.
5. No es necesario que **conduzca** un coche.
6. Pero es muy importante que **sepa** bien inglés.

11 Lösungsvorschlag

1. Busco un apartamento que esté cerca de la oficina.
2. Quiero que tenga mucho espacio.
3. Deseo que sea cómodo.
4. Lo principal es que haya mucha luz.
5. Espero que no cueste mucho.
6. Quizás pueda alquilar el piso.
7. Ojalá encuentre algo pronto.
8. Espero que funcione la calefacción.
9. Quiero que tenga un balcón.
10. Espero que me ayudéis.

12.1
1. La señora Ramírez desea que le manden información.
2. Ana y Alberto buscan un hotel que esté bien ubicado.
3. Ellos quieren que tenga pensión completa.
4. Doña Encarnación espera que (yo) encuentre un vuelo.
5. Yo temo que no quede nada para esa fecha.

12.2
1. Es necesario que los clientes confirmen la reserva.
2. Es mejor que (usted) pague con tarjeta.
3. Me alegra que (ustedes) estén satisfechos.
4. Lástima que nosotros no tengamos mejores ofertas.
5. ¡Ojalá (ustedes) tengan suerte!

13 tenga – quiere – sea – es – tenga – tiene – cuesta – es – está – haga – volvamos/volvemos – quieran

14
1. No firme el documento.
2. Pregunten por los precios.
3. No bebáis leche.
4. Paga con cheque.
5. No llames temprano.

6. Escribe tu nombre completo.
7. No escriba en letra de imprenta.
8. Ven mañana.
9. No pongas la dirección.

15 1. alegro, lástima, espero – 2. ganas, Quieres, prefieres – 3. Ojalá, mejor, quiero – 4. recomiendo, conveniente, posible – 5. Ojalá, quizás, probable

18 *Beatriz:* ¡Quedamos esta tarde y patinamos? Contesta.
Aurora: ¿A qué hora? ¿Dónde? Contesta.
Beatriz: En el quiosco de Goya, pero pronto porque a las ocho tengo que estar en casa.
Aurora: Yo puedo a las siete. Contesta.
Beatriz: Vale. No tengo casi saldo. Adiós.

Lección 11 — En la feria

1 1–d; 2–a; 3–b; 4–c; 5–f; 6–h; 7–e; 8–g

2.1 1. fruta exótica – 2. calidad controlada – 3. letra pequeña – 4. cliente fiel – 5. economía capitalista – 6. manipulación genética – 7. producto dietético – 8. industria textil

2.2 1. producción masiva – 2. tecnología extranjera – 3. gobierno comunista – 4. países occidentales – 5. medidas proteccionistas – 6. tema controvertido – 7. industria local – 8. muralla china

4.1 1. 1–b; 2–e; 3–c; 4–f; 5–a; 6–d
2. 1–f; 2–d; 3–b; 4–e; 5–a; 6–c

5 llueva – nieve – nieve – haga/tengamos – haga – haya – podamos

6 1. tengo, tenga – 2. estudio, estudie – 3. trabaja, trabaje – 4. pueda/puede, puede/pueda

7 Lösungsvorschlag
1. Quizás llega enseguida.
2. Tal vez no venga.
3. Quizás no hay lugar.
4. A lo mejor no consigue aparcamiento.
5. Es posible que no sepa bien la dirección.
6. Puede ser que llame por teléfono.
7. Quizás manda un mensaje.
8. A lo mejor quiere darnos una sorpresa.
9. Ojalá traiga un regalo.
10. No creo que traiga nada.

8 hayáis visitado – haya llegado – hayáis tenido – hayamos podido – hayamos conocido – hayamos hablado – hayáis recibido – hayan gustado – hayas olvidado

9 1. a – 2. por – 3. por – 4. a – 5. con – 6. para – 7. a – 8. de

10 1. hayan recibido – 2. guste – 3. hayamos pensado – 4. tengáis – 5. hayas llamado – 6. hayan llegado – 7. visiten / hayan visitado – 8. tengamos – 9. quede / haya quedado – 10. consiga / haya conseguido – 11. llegue(n) / haya(n) llegado – 12. haya(n) perdido / pierdan

11 Lösungsvorschlag
¿Ya lo/la atienden?
¿En qué puedo servirle? / ¿Qué puedo hacer por usted?
¿En qué había pensado?
¿Cómo tienen que ser los productos? / ¿Cómo quiere que sean los productos?
Le recomiendo ...
Es más favorable para usted.
¿Ya está todo?
¡Tome asiento, por favor! / Siéntese, por favor.

12 1–f; 2–d; 3–g; 4–b; 5–c; 6–e; 7–a

13.1 Lösungsvorschlag
1. ¿A quién debo dirigirme para ...
2. Tengo una cita con la señora ... a las 9 h.
3. Querría hablar con el señor ... ¿sería posible?
4. ¿Tardará mucho en llegar? / ¿Va a tardar mucho?
5. Le dejo mi tarjeta para que me llame.

13.2 Lösungsvorschlag
1. Tendrá que esperar un momento.
2. No creo que tarde mucho / dure mucho.
3. Está en una conferencia. Siéntese, por favor.
4. Estará aquí / Vendrá a las ..., como más tarde.
5. ¿Quiere que le envíe las muestras?

14 1. sea – 2. sean – 3. satisfagan – 4. lleguen – 5. tenga / haya tenido – 6. pueda / haya podido – 7. haya llegado – 8. controle – 9. hable – 10. me llame – 11. vaya – 12. disponga – 13. haya visto – 14. tenga

Lección 12 Una propuesta muy interesante

1 Lösungsvorschlag
cualquier pregunta – producto estándar – sexto sentido – administración ágil – libre comercio – buenos clientes – diseño innovativo – proveedores exclusivos – condiciones especiales – documento adjunto – gran calidad – primer pedido – grandes superficies – relación habitual

2.1

ponerse a **trabajar**	
ponerse de **acuerdo**	
ponerse en **contacto**	
ponerse al **teléfono**	
ponerse rojo	rot werden
ponerse mal, enfermo	krank werden
ponerse bien	gesund werden, sich erholen
ponerse furioso, nervioso	wütend werden

2.2

poner	setzen, stellen, legen
imponer	auferlegen
exponer	ausstellen
suponer	vermuten
posponer	verschieben
proponer	vorschlagen

3.1 1. validez – 2. tecnología – 3. oferta – 4. volumen

3.2 1. por – 2. de – 3. en – 4. a – 5. en – 6. De – 7. a – 8. por

4 1. mismo – 2. la misma – 3. las mismas – 4. los mismos, las mismas – 5. la misma – 6. el mismo – 7. lo mismo – 8. el mismo – 9. misma

5.1
estar: estuve, estuviste, estuvo, estuvieron
ser: fui, fuiste, fue, fueron
ir: fui, fuiste, fue, fueron
tener: tuve, tuviste, tuvo, tuvieron
hacer: hice, hiciste, hizo, hicieron
venir: vine, viniste, vino, vinieron

5.2
estar: estuvo, estuviera, estuvieras, estuviera, estuviéramos, estuvierais, estuvieran
ser: fue, fuera, fueras, fuera, fuéramos, fuerais, fueran
tener: tuvo, tuviera, tuvieras, tuviera, tuviéramos, tuvierais, tuvieran
hacer: hizo, hiciera, hicieras, hiciera, hiciéramos, hicierais, hicieran
ir: fue, fuera, fueras, fuera, fuéramos, fuerais, fueran
venir: vino, viniera, vinieras, viniera, viniéramos, vinierais, vinieran

6.1 1. tuviera – 2. volvieran – 3. hubiera – 4. fuera – 5. hiciera

6.2 1. hiciera, iríamos – 2. trabajarais, podríais – 3. nevara, saldríamos – 4. fuera, trabajaría(mos) – 5. estudiaras, pasarías

7
1. Si estuvieran terminados, se los enviaríamos hoy mismo.
2. Si fuera posible, lo haríamos con mucho gusto.
3. Si fuera necesario, trabajarían más.
4. Si hicieran propaganda, venderían más.
5. Si pagaran, no habría problemas.
6. Si no tuviéramos tantos (pedidos), no haríamos tantas horas extra.

8 Lösungsvorschlag
1. Si estuviéramos/estuvieran todos/-as (aquí), ya podríamos empezar a buscar un hotel.
2. Si tuviéramos los folletos aquí, podríamos decidir hoy (mismo) adonde iríamos.
3. Si tuviéramos el dinero, podríamos viajar durante / por dos semanas.
4. Si (eso) fuera posible, todos/-as estarían de acuerdo.
5. Si nos fuéramos en autobús, nos ahorraríamos mucho dinero.
6. Si fuéramos a Mallorca, podríamos tomar el sol.
7. Si tomáramos un hotel con todo incluido, nos lo pasaríamos mejor / nos divertiríamos más.

9
1. Si fuera millonario ...
2. Si fuera verano ...
3. Si hiciera buen tiempo ...
4. Si me dijeras de qué se trata ...
5. Si yo estuviera en su lugar ...
6. Si tuviéramos dinero ...
7. Si lo supiéramos ...
8. Si tuviéramos tiempo ...

10.1
1. ¡Ven a visitarme! – Es que mi coche está roto. – Si no estuviera roto, iría. / Si estuviera bien, iría.
2. ¡Come más paella! – Es que estoy satisfecho. – Si tuviera hambre, comería.
3. ¡Cuéntame lo que ha pasado! – Es que no lo sé. – Si lo supiera, te lo contaría.

4. ¡Pon música! – Es que el aparato no funciona. – Si funcionara, pondría música.
5. ¡Dame los CDs! – Es que no los tengo aquí. – Si los tuviera aquí, te los daría.
6. ¡Vete a comprar otro! – Es que no tengo dinero. – Si tuviera dinero, me compraría otro.
7. ¡Dime la verdad! – Es que no puedo. – Si pudiera, lo haría.
8. ¡Haz lo que quieras! – Es que no sé qué hacer.– Si supiera qué hacer, ya lo haría.

10.2 comer/come – venir/ven – contar/cuéntame – dar/dame – hacer/haz – poner/pon – saber/sé – irse/vete – decir/dime

11 Lösungsvorschlag

1. Ya no hay más tiempo. – Si hubiera tiempo todavía, miraríamos las fotos.
2. No sé bailar. – Si supiera bailar, bailaría contigo toda la noche.
3. Tú no comprendes chino. – Si comprendieras chino, podrías hacer negocios en Shangai.
4. Ana no tiene hermanos. – Si tuviera hermanos, no estaría tan sola.
5. Luis no quiere nada. – Si quisiera algo, se lo daría.
6. No hay posibilidades. – Si hubiera posibilidades, podríamos ampliar la fábrica.
7. Está prohibido aparcar. – Si no estuviera prohibido, podría dejar el coche aquí mismo.
8. No puedo hacer nada por ti. – Si pudiera hacer algo, lo haría enseguida.
9. Usted no me conoce. – Si me conociera, sabría que yo nunca haría algo así.
10. No somos millonarios. – Si fuéramos millonarios, viviríamos en un palacio.

13 Transporte: por barco (contenedor completo). FOB Barcelona.
Seguro y embalaje: incluido en el precio. Cajas de madera a su cargo según lista adjunta.
Condición de entrega: normalmente despachamos nuestra mercancía ex-fábrica o FOB Barcelona.
Plazos de entrega: productos estándar: inmediatamente. Otros productos: a convenir.
Forma de pago: crédito documentario irrevocable y confirmado.
Descuentos: 2 % por compra regular; 3 % por cantidad mayor de 1000 unidades.
Pedido a prueba: es posible, pero nos reservamos el derecho de exigir pago por anticipado.
Exclusividad: en caso de vender sólo nuestros productos, el precio se reduce en un 5 %.

Lección 13 Gastos y disgustos

1.1
1. Tiene dolor de cabeza.
2. Tiene dolor de estómago. / Le duele el estómago.
3. Tiene fiebre.
4. Está resfriada.
5. Tiene dolor de garganta. / Le duele la garganta.
6. Se rompió una pierna. / Tiene la pierna rota.

1.2
1. Cuando tiene dolor de garganta toma leche caliente con miel.
2. Cuando está resfriada se pone un gorro y una bufanda. / ... se abriga bien.
3. Con la pierna rota descansa en el sillón.
4. Cuando le duele el estómago toma una manzanilla.
5. Cuando Dolores tiene dolor de cabeza toma una aspirina.
6. Cuando tiene fiebre llama al médico.

2 1-c; 2-a; 3-d; 4-b; 5-g; 6-h; 7-e; 8-f

3 confirmar – rechazar – anular: pedido – oferta – propuesta
satisfacer – corresponder a: expectativas – exigencias
exigir – pedir: disculpas – indemnización
causar – disculparse por: retrasos – daños – molestias – inconvenientes – perjuicios

4 diferenciar – **la diferencia**
despedir – **la despedida**
causar – **la causa**
facturar – **la factura**
confirmar – **la confirmación**
enviar – el envío
reservar – la reserva
indemnizar – la indemnización
exigir – la exigencia
atender – la atención

5 1. rechtzeitig – **justo a tiempo**
2. tatsächlich – **efectivamente**
3. darum, deshalb – **por ese motivo**
4. eigentlich – **en realidad**

6 1. desafío – 2. identificación – 3. desinfección – 4. deslocalización

7 1. por, de – 2. en, para – 3. por, en – 4. a, de – 5. con, en, de

8 Presente: ha/hay – Futuro inmediato: va a haber – Futuro simple: habrá – Condicional: habría – Perfecto: ha habido – Pluscuamperfecto: había habido – Indefinido: hubo – Imperfecto: había

9 El condicional compuesto se forma con: **el condicional de haber** + participio del verbo principal.
yo habría – tú habrías – él/ella habría – nosotros/-as habríamos – vosotros/-as habríais – ellos/-as habrían
El pluscuamperfecto de subjuntivo se forma con: **el imperfecto de subjuntivo de haber** + participio del verbo principal.
yo hubiera – tú hubieras – él/ella hubiera – nosotros/-as hubiéramos – vosotros/-as hubierais – ellos/-as hubieran.

10 Lösungsvorschlag
1. ¿Por qué no me llamaste ayer? – Es que no pude. Si hubiera podido, te habría llamado.
2. ¿Por qué no viniste anoche? – No sabía en qué bar estabais. Si lo hubiera sabido, habría ido/venido, claro.
3. ¿Por qué Darío no compró el coche? – No tenía dinero. Si hubiera tenido dinero, lo habría comprado.
4. ¿Por qué no me dijo que ya tenía el libro? – Es que no se había dado cuenta. Si se hubiera dado cuenta, te lo habría dicho.
5. ¿Por qué no vamos a cenar juntos hoy? – No hemos reservado mesa. Si hubiéramos reservado, podríamos haber ido / podríamos ir.
6. ¿Por qué pediste pescado? – Es que no había otra cosa. Si hubiera habido cordero, lo habría pedido.
7. ¿Por qué no fueron a la fiesta las chicas? – No estaban invitadas. Si hubieran estado invitadas, seguramente habrían ido.

11 Lösungsvorschlag
1. Si Carla y Jorge hubieran tenido amigos en Granada, habrían visitado la ciudad / la Alhambra.
2. Si hubierais sabido bailar, os habrías divertido mucho más en la fiesta de ayer.
3. Si hubiera funcionado el ascensor, habríamos bajado a tomar algo.
4. Si Gerardo hubiera hablado alemán, habría podido hablar con sus colegas en Austria.
5. Si Hugo y Luis no hubieran bebido demasiado, podrían haber conducido sin problemas.

12 Lösungsvorschlag
1. Por lo menos podrían haber saludado antes de irse.
2. Tendrías que haberle dado las gracias a tu amigo, ¿no te parece?
3. Podría haberme levantado más temprano. / Me podría haber levantado más temprano.
4. Tendríamos que haber llamado al médico.

13 Lösungsvorschlag
1. Si pudiera, iría.
2. Si hubiera podido, habría ido.
3. Si lo supiera, se lo diría/contaría.
4. Si lo hubiéramos sabido, lo habríamos dicho/contado.
5. Si pudiera ayudar, lo haría con mucho gusto.
6. Si hubiera podido ayudar, lo habría hecho con mucho gusto.

14 preguntar por alguien: ¿Está el Sr. Aguirre? – ¿Puede ponerme con ...? – Quisiera hablar con ... – ¿Puede ponerse ...? – ¿Me comunica con ...?
explicar que no es posible: No puedo localizarlo/-la. – No consigo la comunicación. – Está comunicando. – No se encuentra aquí. – Está en una reunión.
ofrecer sus servicios: Ya le paso con él/ella. – ¿Me deja su número? – ¿Quiere que le/la llame? – ¿Quiere dejar un recado?
aconsejar a quién llama: Vuelva a llamar. – Llame de nuevo. – Pruebe otra vez. – Siga insistiendo.

15
A Me llamo / Mi nombre es Peñaroya. ¿Me pone con el Sr. Pérez? / ¿Me comunica con el Sr. Pérez, por favor?
B Lo siento, está de viaje. ¿Quiere dejar un recado?
A Quería saber qué pasa con el pedido.
B Necesitamos la confirmación (del pedido). / Todavía nos falta la confirmación.
A De acuerdo. Se la mando / voy a enviar hoy mismo. Y dígale al Sr. Pérez que tengo que hablar con él, por favor.
B Llámelo al móvil. ¿Tiene el número?
A No, ¿me lo puede dar?
B Por supuesto / Claro que sí. Tome nota / Anote, por favor: 668 759 834.

Lección 14 La gran fusión

1 Lösungsvorschlag

	militar	político	económico
representante	☐	✗	✗
partido	☐	✗	☐
gobierno	☐	✗	☐
presidente/-a	☐	✗	✗
ministro/-a	☐	✗	☐
secretario/-a	☐	✗	✗
frontera	✗	✗	✗
expansión	✗	☐	✗
presión	✗	✗	✗
guerra	✗	✗	✗
lucha	✗	✗	✗
hostil	✗	✗	✗

2
1. lanzar: una opa – una campaña publicitaria – un nuevo producto
2. tragar/se: a una empresa – a la competencia – un caramelo
3. solicitar: un crédito – una subvención – un empleo

3 1. los planes de expansión – 2. la guerra de precios – 3. la pérdida de puestos de trabajo – 4. la lucha de (los) gigantes – 5. el fin de año – 6. la oferta de adquisición – 7. el presidente de la compañía – 8. los resultados de las negociaciones

4
1. alianzas = fusiones
2. causas ≠ consecuencias
3. daños = perjuicios
4. amistoso ≠ hostil

5 1. en – 2. a – 3. en – 4. a(l) – 5. para – 6. por

6 1-c; 2-d; 3-a; 4-b

7.1
1. obtener: información – condiciones favorables
2. desarrollar: nuevas ideas – sinergias
3. estudiar: los pormenores – el mercado
4. imponer: condiciones
5. confirmar: la fusión – información
6. ahorrarse: dolores de cabeza – problemas

7.2 1. tomar medidas – 2. dar resultados – 3. lanzar una opa – 4. quitar a un cliente – 5. tragarse una empresa – 6. evitar problemas

8 1. (factura) pagada – 2. (tiendas) decoradas – 3. (empresa) fundada – 4. (proyectos) rechazados – 5. (flores) robadas

9 Lösungsvorschlag
1. Los estudiantes han criticado (mucho) el nuevo proyecto.
2. El secretario de la compañía firma los documentos.
3. La policía cerrará la estación por razones de seguridad.
4. Un consorcio ilegal ha vencido los productos.
5. La policía ha descubierto el plan.

10
1. Los invitados serán recibidos por las secretarias.
2. Todos los/sus clientes han sido invitados por el Sr. Reyes.
3. La/Su boda con Jimena será anunciada por Mario durante la fiesta.
4. El vestido de la novia fue diseñado por un diseñador francés.
5. Las flores fueron enviadas por un amigo de la familia desde Israel.

11
1. Todas las mesas **están muy bien decoradas**.
2. La terraza grande **está reservada** para la familia.
3. Los camareros **están muy ocupados**.
4. Los regalos **están expuestos** al fondo.

12 1. Se – 2. Hay que – 3. Dicen que – 4. Uno – 5. Hay que – 6. Hay que – 7. Se – 8. Se – 9. Uno/Se – 10. Hay que

13 Lösungsvorschlag

La fusión

La fusión ha sido planeada desde hace mucho tiempo. / La fusión fue planeada desde hacía mucho tiempo.

Las negociaciones han sido interrumpidas varias veces. / Las negociaciones fueron interrumpidas varias veces.

Ahora ha sido firmado el contrato de cooperación. / Ahora fue firmado el contrato de cooperación.

Los detalles no se han dado a conocer todavía. / Todavía no …

Los antecedentes

Ambas empresas han sido / fueron reestructuradas hace poco.

Mucha gente ha sido despedida. / Muchos empleados han sido / fueron despedidos.
La producción ha sido / fue racionalizada completamente.
Nuevos productos han sido / fueron desarrollados.
Las consecuencias
En el futuro, los productos serán distribuidos/comercializados conjuntamente.
El logo será diseñado de nuevo. / Un nuevo logo será diseñado.
La administración tendrá que ser más rápida.
La sede/sucursal en/de Barcelona tendrá que ser cerrada. / Habrá que cerrar la sede en/de Barcelona.

14.1 Hace - desde que - Desde cuándo - Desde que - cuándo - hace - hace

14.2 desde cuándo - Desde - desde entonces - desde que - desde hace - hace - desde - desde entonces

15 Lösungsvorschlag

A Los productos han sido / fueron distribuidos/entregados en mal estado.
B ¿Quién los distribuyó / ha distribuido? / ¿Por quién han sido / fueron distribuidos?
A La empresa Lamsa los ha traído en camión. / Fueron transportados en camión por la empresa Lamsa.
B ¿Tiene los documentos?
A Sí, pero falta la firma. / Sí, pero no están firmados. / Sí, pero están sin firmar.
B En este caso, hay que reclamar el pedido.
A Claro, no se paga nada hasta que no se arregle este asunto. / Por supuesto que no. Primero hay que aclarar este asunto.
B ¡Hombre!, siempre hay que controlarlo todo.
A Sí, sí, no se puede confiar en nadie. / Así es, no basta con la confianza, hay que controlarlo todo.

18 Fundador: Hans Riegel, Bonn
Sector: dulces, caramelos
Productos: caramelos de gelatina, regaliz, jaleas dulces
Plantas de producción: 19 fabricas en todo el mundo
Lugar que ocupa en el mercado: líder mundial
En España producción en: Girona
Desde: 1995
Distribución: supermercados, grandes distribuidoras de alimentación, grandes superficies, farmacias
Previsiones: incremento de un 5 %, 60 millones de euros al año
Nuevos productos: caramelos de gelatina kosher
Grupo meta: la comunidad judía

Lección 15 — Una gran recepción

2 1-b; 2-c; 3-a; 4-e; 5-h; 6-f; 7-d; 8-g

3 1-b; 2-c; 3-a; 4-e; 5-f; 6-d; 7-h; 8-g

4 por - ante - con - sobre - según - entre/con - para - contra - según - de - por - bajo - desde - hasta - a - sin - por - en - a - para

5 1-f; 2-a; 3-d; 4-c; 5-b; 6-e

6.1 1. por lo cual - 2. que - 3. de la que - 4. a la que - 5. a quienes - 6. quien - 7. de quien - 8. que

6.2 1. cuyas - 2. cuyo - 3. cuya - 4. cuyas - 5. cuyos - 6. cuya

7
1. El auditor les recomienda que se concentren en lo fundamental.
2. El auditor les aconseja que se deshagan de lo secundario.
3. El auditor les dice que encarguen la producción a un tercero.
4. El auditor les da la idea de que trabajen con una empresa integrada.

8 Lösungsvorschlag
1. Nos aconseja de que nos concentremos en lo principal.
2. Propone que estructuremos nuestra ponencia con claridad.
3. Dice que hagamos una lista que nos sirva de guía.
4. Nos recuerda que es importante que visualicemos la información.
5. Nos aconseja que tratemos involucrar al público / que involucremos al público.
6. Quiere que sonriamos para ganarnos la simpatía del público.
7. Nos desaconseja que empecemos por Adán y Eva. / Nos pide que no empecemos por Adán y Eva.
8. Nos pide que no seamos demasiado serios/-as, que una anécdota es más efectiva que cien estadísticas.

9. Nos dice que hagamos pausas para mantener la atención.
10. Nos aconseja que no nos excedamos en el tiempo.

9 Lösungsvorschlag

La ex-colega dijo que estaba muy contenta en la nueva empresa, que siempre había tenido el deseo de trabajar allí. Contó que había hecho un curso de tres semanas en París y que después había viajado a Austria y a Italia. Comentó que el próximo año iba a ir a Holanda, a Bélgica y a Alemania. Nos dijo que le encantaría viajar también a Rusia, pero que actualmente no sería posible. Afirmó que lo que le gustaba de la empresa Torres era que se conocían todos y que el clima de trabajo era / había sido fantástico. Comentó que en la nueva empresa había mucho estrés. Añadió que la presión de tiempo era muy grande, porque tenían que lanzar una colección tras otra. Insistió que todo era cuestión de moda. Nos invitó a visitarla cuando estemos en Barcelona. Prometió mostrarnos los modelos más bonitos y que podríamos comprarlos con descuento.

10
1. Me pidió que le hiciera el favor de llamarlo.
2. Me pidió que rellenara el formulario y que firmara abajo.
3. Recomendó que controláramos todo antes de salir.
4. Nos pidió que no nos olvidáramos de nada.
5. Recomendó que escribiéramos nuestros nombres en todos los CDs.

11 Lösungsvorschlag

El Sr. Costa Soler habla demasiado fuerte.
El Sr. Navarro llega tarde.
El Sr. Borrell se para demasiado cerca.
El Sr. Meyer no escucha con atención.
El Sr. López bebe demasiado.
Marcela fuma donde no está permitido.
El Sr. Gómez no presta atención al vaso.
Felipe se quita la chaqueta.
El Sr. Schulte da la mano mirando para otro lado.
Carmen se ha quitado los zapatos.
Pablo flirtea “agresivamente”.
Javier Zapatero hace demasiados gestos y toca a un colega.
Don Rogelio juega con la corbata.
El Sr. Romero toma demasiada comida del bufé.
Ana María está vestida de forma muy provocativa.
El periodista molesta en momento inoportuno.

12 1-d; 2-c; 3-e; 4-a; 5-b; 6-f